金冲及文丛

向开国领袖学习工作方法

金冲及 著

生活·讀書·新知 三联书店

Copyright © 2016 by SDX Joint Publishing Company.
All Rights Reserved.

本作品版权由生活·读书·新知三联书店所有。
未经许可，不得翻印。

图书在版编目（CIP）数据

向开国领袖学习工作方法／金冲及著.—北京：生活·读书·新知三联书店，2016.10 （2025.6重印）
（金冲及文丛）
ISBN 978-7-108-05586-6

Ⅰ.①向… Ⅱ.①金… Ⅲ.①中国共产党－革命领袖－工作方法 Ⅳ.①K827=7

中国版本图书馆CIP数据核字（2016）第225424号

责任编辑	马 翀
装帧设计	蔡立国
责任印制	董 欢

出版发行　**生活·讀書·新知 三联书店**
　　　　　（北京市东城区美术馆东街22号 100010）

网　址	www.sdxjpc.com
经　销	新华书店
印　刷	三河市天润建兴印务有限公司
版　次	2016年10月北京第1版 2025年6月北京第12次印刷
开　本	635毫米×965毫米 1/16 印张 12
字　数	101千字
印　数	130,001-136,000册
定　价	28.00元

（印装查询：01064002715；邮购查询：01084010542）

前　言

恩格斯有一句名言："这是一次人类从来没有经历过的最伟大的、进步的变革，是一个需要巨人而且产生了巨人——在思维能力、热情和性格方面的巨人的时代。"(《自然辩证法》)

占世界人口四分之一（后来是五分之一）的新中国的建立和发展，称得上是一次人类历史上"最伟大的、进步的变革"。在这场伟大变革中充满着惊涛骇浪，面对着无数需要有高度智慧和勇气才能正确处理的棘手难题，确实是一个"需要巨人而且产生了巨人"的时代。

领导这场伟大变革的核心力量是中国共产党。在中国共产党内集中了一大批中华民族的优秀儿女，可以说群星灿烂。党的八大后成立了由毛泽东、刘少奇、周恩来、朱德、陈云、邓小平六个人组成的政治局常委会，成为中国共产党以毛泽东为核心的第一代领导集体，而毛、刘、周、朱、陈、邓六位也称得上"在思维能力、热情和性格方面的巨人"。

我曾长时期地在中央文献研究室工作，主要是从事对这六位巨人生平和思想的研究。他们的智慧给了我强烈的感受和深刻的教育。三十多年来，曾经一鳞半爪地写过一些自己的粗浅体会。这些文章自然远远谈不上完整地恰当地反映他们智慧的全貌，也不是有计划撰写的，显得零散。承三联书店的好意，愿意把它们集中在一起出版，也许多少可供读者参考，更盼望能由此得到读者的批评和指正。这算是交代这本书的由来。

金冲及

2015年6月13日

目 录

前 言　1

毛泽东工作方法的几个特点　1
　　高度的战略思维能力　2
　　集中力量，解决主要矛盾　7
　　抓而不紧，等于不抓　10
　　依靠群众，走群众路线　12

毛泽东在三大战略决战中　17

毛泽东和周恩来　37
　　毛泽东最离不开的是周恩来　37
　　他们的一致和不一致　42
　　性格、出身的差异……这不是主要的　52

周恩来的求真与反对极端主义　61

周恩来和五十年代的中国外交　69
　　一、新中国外交格局的初步形成　70
　　二、用和平协商的方法来解决国际争端　78
　　三、团结亚非国家，打开外交新局面　82
　　四、结语　88

刘少奇是善于独立思考的战略家和理论家　93

朱德的历史贡献　107

作为总设计师的邓小平　115
　　从端正思想路线抓起　117
　　高举中国特色社会主义旗帜　118
　　毫不动摇地以经济建设为中心　120
　　坚持改革开放　123
　　坚持四项基本原则　126
　　结语　128

邓小平和20世纪的中国　131
　　一、革命　131
　　二、建设　136
　　三、改革　139
　　四、展望　146

再谈邓小平和20世纪的中国　151
　　时代的接力　151
　　邓小平的道路　156
　　治国之策　162

陈云和学哲学　169
　　为党和人民的事业而学哲学　171
　　实事求是的楷模　175
　　交换·比较·反复　179

征引文献　183

毛泽东工作方法的几个特点[1]

毛泽东同志给我们留下了极其丰富的精神遗产，工作方法是其中的重要内容。工作方法是毛泽东同志在领导革命和建设中极为重视的问题。他说过："我们不但要提出任务，而且要解决完成任务的方法问题。我们的任务是过河，但是没有桥或没有船就不能过。不解决桥或船的问题，过河就是一句空话。不解决方法问题，任务也只是瞎说一顿。"他的话讲得很重，却是千真万确的真理：即便提出的任务是正确的，道理讲得也很清楚，如果没有好的工作方法来实行它，也会变成空话。

按照实际情况决定工作方针，是毛泽东同志最基本的工作方法。这里不敢说对他的工作方法所具有的特点做出完整的概括，只是想就其中的几个特点谈一点体会。因为

---

[1] 本文发表于《人民日报》2013年12月27日第7版。

毛泽东同志工作方法的价值并不随时间流逝而失去，我们应当在新的历史条件下充分地发掘它、使用它、发展它，推动实现中华民族伟大复兴的中国梦。

高度的战略思维能力

战略思维能力（也就是毛泽东同志所说的战略头脑），对担负领导工作的人来说是做好工作的先决条件。它首先是指具有全局性的眼光和敏锐的预见性。毛泽东同志一向要求："拿战略方针去指导战役战术方针，把今天联结到明天，把小的联结到大的，把局部联结到全体，反对走一步看一步。"

人们观察和认识事物，通常只能从一个个局部开始，但决不能停留在这里。只有把各个局部综合起来进行分析，形成整体的观念，并且弄清那些局部在全局中所处的位置以及彼此间的联系，才能正确地指导工作。有些事从局部来看是有利的，但从全局来看是不利的，那就得坚决顶住，不能去做。

毛泽东同志对这个问题十分看重。他说："马克思主义者看问题，不但要看到部分，而且要看到全体。""说'一着不慎，满盘皆输'，乃是说的带全局性的，即对全局有决定意义的一着,而不是那种带局部性的,即对全局无决定意义的一着。"只有全局在胸,才能有把握地走好每一步棋。

事物是发展变化的,全局形势也在不断发展变化。毛泽东同志在指导工作时,总是首先把力气用在观察和判断全局上,特别是敏锐地察觉出哪些是对全局发展变化有重要影响的新情况和新问题,从而果断地做出重大决策。他在中共八届七中全会上说:"要善于观察形势,脑筋不要硬化。形势不对了,就要有点嗅觉,嗅政治形势,嗅经济空气,嗅思想动态。"读读毛泽东同志在中央会议上的讲话,每当重要的历史关头,他经常先这样分析:现在局势发展到一个新的阶段,它和以往不同的特点是什么,发展的前途如何,因此我们的方针应当相应地做怎样的调整。这里,可以以解放战争为例。

1947年夏季人民解放军从战略防御转入战略进攻后,这年年底毛泽东同志就对政治、军事、经济三个方面的实际状况做了仔细的具体分析,得出一个全局性的结论:"中国人民的革命战争,现在已经达到了一个转折点。""二十年来没有解决的力量对比的优势问题,今天解决了。""这个事变一经发生,它就将必然地走向全国的胜利。"

这是一个大判断,是对中国革命发展进程的大判断。

那时，国内局势中仍有许多不很明朗的地方，还存在不少容易使人感到迷惑的次要因素，并不是所有人都已看清楚这个历史转折点已经到来。即使有这样那样的感觉，也没有得出如此明晰的结论。毛泽东同志经过敏锐而审慎的观察和思考，不失时机地做出这个判断。有了这个大判断作依据，怎样打倒蒋介石、建立新中国这些重大问题便提到现实议事日程上来了，新中国的经济构成、经济纲领、政治纲领也到了要正式向全党和全国人民宣告的时候了。

再如，1948年辽沈战役结束后只隔了十多天，毛泽东同志就做出一个新的判断："中国的军事形势现已进入一个新的转折点，即战争双方力量对比已经发生了根本的变化。人民解放军不但在质量上早已占有优势，而且在数量上现在也已经占有优势。这是中国革命的成功和中国和平的实现已经迫近的标志。""这样，就使我们原来预计的战争进程，大为缩短。原来预计，从一九四六年七月起，大约需要五年左右时间，便可能从根本上打倒国民党反动政府。现在看来，只需要从现时起，再有一年左右的时间，就可能将国民党反动政府从根本上打倒了。"全国解放战争便以这个全局性的判断为依据，以新的姿态新的部署，加快步伐地展开了。

一名领导干部特别是高级干部，如果没有这种全局性的战略眼光，当机立断，正确决策，大刀阔斧地打开新的局面，而是被动地忙于应付枝枝节节的局部性事务，就不可能在工作中取得重大突破，甚至会坐失良机和发生失误。

预见性同全局性眼光分不开，要求指挥者看得远、看得准，对刚刚露头的倾向具有敏锐的识别力，能够分辨它是好的还是不好的，并且能预见它的发展趋势。毛泽东同志认为这是领导干部必须具有的政治品质。他在中共七大的结论中说："预见就是预先看到前途趋向。如果没有预见，叫不叫领导？我说不叫领导。""坐在指挥台上，如果什么也看不见，就不能叫领导。坐在指挥台上，只看见地平线上已经出现的大量的普遍的东西，那是平平常常的，也不能算领导。只有当着还没有出现大量的明显的东西的时候，当桅杆顶刚刚露出的时候，就能看出这是要发展成为大量的普遍的东西，并能掌握住它，这才叫领导。"

高手下棋，谁能比对方多看几步，谁就可能取胜。毛泽东同志在工作中总是想得很远。他不是只忙碌地应付摆在眼前的种种具体问题，同时能对未来可能出现的重大变动未雨绸缪、早做准备。当抗日战争正处在紧张关头的时候，他已开始考虑未来的新国家和新社会应该是怎样的，写出了《新民主主义论》。以后，随着客观形势的发展和实际经验的积累，这种设想就越来越清晰具体。当历史巨大变化来临的时候，无论1949年共同纲领还是1954年宪法的诞生，都不是仓促草就，而是经过长期的酝酿和积累，做到了瓜熟蒂落、水到渠成。以后的历史事实证明，这些根本大法的各项规定都是切合实际、富有成效的。

对社会生活中值得注意的倾向性问题，毛泽东同志总是主张要觉察早、应对快。他在中共八大二次会议上说，"以后要注意辨别风向"。他引宋玉《风赋》中所说的："夫风生于地，起于青苹之末，侵淫溪谷，盛怒于土囊之口。"并且说："大风好辨别，小风就难辨别，领导干部要特别注意这种小风。"他高明的地方在于当某种不好的风向还只处于"青苹之末"的时候，就能够意识到它经过慢慢的逐步的"侵淫"，有可能形成"盛怒于土囊之口"的风暴。这也就是古人常说的"防微杜渐"的意思。而不少人不仅对处于"青苹之末"的这种风向毫无识别能力，甚至当它已逐步"侵淫"而走向"盛怒于土囊之口"时仍麻木不仁、视若无睹，结果，拖延得越久，问题就越大，甚至发展到积重难返而很难解决。当然，如果脱离实际情况，对还处于"青苹之末"的微风就用对付"盛怒于土囊之口"者的霹雳手段去对待，那也会造成严重的错误。以往出现过的这种教训，同样值得深思和记取。

总之，全局性眼光和预见性十分重要。只有具备这两个条件，才会有宏伟的胆识和魄力，才可以引导人们在行进中始终有明确的方向感和充分的自信心。这是毛泽东同志工作方法的突出特点。所以，总给人以高屋建瓴、大气磅礴的感觉。

集中力量，解决主要矛盾

社会生活千头万绪、错综复杂。人们往往被一些日常现象牵着鼻子走，被动应付，辛苦忙碌而收效甚微，工作局面难有大的突破。问题出在哪里？很重要的一条，在于看不清问题中什么是主要的、起决定性作用的因素，什么是次要的、处于服从地位的因素；什么是一时起作用的因素，什么是长远起作用的因素，从而不能及时抓住并集中力量解决主要矛盾。

毛泽东同志把这个问题也始终放在领导工作的突出地位。他指出："研究任何过程，如果是存在着两个以上矛盾的复杂过程的话，就要用全力找出它的主要矛盾。捉住了这个主要矛盾，一切问题就迎刃而解了。"他批评道："万千的学问家和实行家，不懂得这种方法，结果如堕烟海，找不到中心，也就找不到解决矛盾的方法。"这真是一针见血之论。

拿解放战争中的辽沈战役来说，当时面对的主要问题是：怎样在国民党军统帅部举棋不定的情况下，以迅雷不及掩耳之势突然行动，切断东北同关内的联系，将国民党军的重要精锐封闭在东北加以歼灭。这比其他任何问题都更重要。毛泽东同志便下了大决心，要求东北野战军主力不惜冒巨大风险，远途奔袭锦州，"而置长春、沈阳两敌于不顾"，"确立打你们前所未有的大歼灭战的决心，即在卫立煌全军来援的时候敢于同他作战！"没有这样的宏图大略，要夺取辽沈战役的全胜是不可能的。果然，锦州一解放，东北同关内的联系一切断，长春和沈阳两问题便迎刃而解了。

在日常工作中，毛泽东同志也总是要分清事情的主次和轻重缓急，区别对待。他曾举黄河急流中有经验的船夫为例说：在河中，他们平时可以很放松，一当将到藏有暗礁险滩的地方，就全神贯注地用篙子撑船躲开，如果船夫时时处处都很紧张，弄得很疲劳，真遇到紧要的时候反而会使不上力了。他主张，一个时期总要有个重点。1953年4月26日，他在致李烛尘的信中写道："工作虽多，可以安排一下，一段时间内只处理一个主要问题，这样也就会不觉得太忙了。"

集中力量解决主要矛盾这个道理，明白容易，真要做到却十分不易。毛泽东同志谈战争问题时说道："集中兵力看来容易,实行颇难。人人皆知以多胜少是最好的办法,然而很多人不能做,相反地每每分散兵力,原因就在于指导者缺乏战略头脑,为复杂的环境所迷惑,因而被环境所支配,失掉自主能力,采取了应付主义。"结果,受许多次要因素的牵扯,分散力量,处处应付,四平八稳,下不了大决心,也就做不出大事来。

毛泽东同志指挥作战时,同样经常面对复杂的环境。他总是强调要服从全局,按照解决主要矛盾的需要,大踏步前进或后退,必要时不惜下壮士断腕的决心,以求得全局形势的有利发展。解放战争中国民党军队向延安大举进攻,当时解放军兵力在这里处于绝对劣势,毛泽东同志断然决定撤出延安。这样做当然要付出不少代价,一些干部想不通。毛泽东同志告诉他们,要从大处着眼,权衡主次得失。他说:"我军打仗,不在一城一地的得失,而在于消灭敌人的有生力量。存人失地,人地皆存;存地失人,人地皆失。敌人进延安是握着拳头的,他到了延安,就要把指头伸开,这样就便于我们一个一个地切掉它。"这是何等的睿见和气魄!以后的事实证明,他的决断是完全正确的。

当然,主要不等于唯一,集中力量解决主要矛盾不等于对其他方面的问题统统丢开不管。毛泽东同志提出要"学会弹钢琴","党委要抓紧中心工作,又要围绕中心工作而同时开展其他方面的工作。我们现在管的方面很多，各地、各军、各部门的工作，都要照顾到，不能只注意一部分问题而把别的丢掉。凡是有问题的地方都要点一下，这个方法我们一定要学会"。这段话是他在新中国诞生前夜说的，中国共产党正要成为全国的执政党，面对的任务十分繁重，既要以主要力量抓紧各个时期的中心工作，又要像"弹钢琴"那样随时照顾到其他方面的工作。"凡是有问题的地方都要点一下。"这就能避免工作中走向另一种片面性。

抓而不紧，等于不抓

做出正确的判断，提出解决问题的办法，并不是事情的结束，更加重要的是实行。毛泽东同志从来不是空谈家。对关系全局的工作，他在提出任务后，总是下大决心、采取有力措施，狠抓落实，一步紧跟一步，真正抓出看得见的结果来。

正确的决心有个前提，就是符合实际。毛泽东同志有句名言："没有调查，没有发言权。"他说："你对于那个问题不能解决吗？那末，你就去调查那个问题的现状和它的历史吧！你完完全全调查明白了，你对那个问题就有解决的办法了。"他主张要"多谋善断"，说："什么叫多谋呢？

就是要听听各种不同意见。""多谋,各方面的意见集中了,各方面的分析明确了,恰当了,然后才能够得到善断。"

当情况已经弄清、决心已经下定以后,工作抓得紧不紧、狠不狠便成为关键。毛泽东同志说:"党委对主要工作不但一定要'抓',而且一定要'抓紧'。什么东西只有抓得很紧,毫不放松,才能抓住。抓而不紧,等于不抓。""我们有些同志,也抓主要工作,但是抓而不紧,所以工作还是不能做好。"

毛泽东同志对主要工作总是抓得很紧很紧。当任务确定后,他便全力以赴、雷厉风行,千方百计地采取有力措施来打开局面,绝不是空口说说了事,也不是老在那里瞻前顾后、顾虑重重、犹豫不决。在随后的实践中,又全神贯注事情发展的情况,用心总结行之有效的经验并加以推广;及时提醒注意解决可能妨碍任务完成的问题,纠正已经出现的偏差;旗帜鲜明地表扬批评,严格检查督促,在切实抓出成果来以前决不松手。因此,他所抓的事总能给人留下强烈印象,取得显著效果。

在新中国成立之初领导"三反"运动时,毛泽东同志不仅提出方针,而且亲自督办;不仅提出任务,而且交代方法。在"三反"运动紧张的日子里,他几乎每天晚上都要听取汇报,甚至经常参加办公会议,亲自指导。到运动后期，他又以很大力量来落实定案工作，确定具体的政策原则和处理办法，树立足以作为典型示范的案例，妥善处理运动过程中发生的问题，做好善后工作。善始善终，而不草草收兵。

这场运动前后共半年左右，对荡涤当时刚开始蔓延的贪污腐败行为、树立廉洁勤政新风起了巨大作用，为国家进行大规模经济建设创造了良好的社会氛围。它不仅在当时，而且在随后好多年间给人们留下难忘的印象。

毛泽东同志说过：伤其十指，不如断其一指。只有抓得很紧，办成几件大事，确有实效，才能振奋人心，取得群众的信任，以后的工作就好做了。当然，也不可能把弦一直绷得太紧，要有张有弛，毛泽东同志把这称为波浪式的前进。

依靠群众，走群众路线

要做好任何工作，都不能只靠领导者个人或少数几个人的智慧和努力，而必须依靠群众，走群众路线。

当然，群众路线不只是一个工作方法，它指的是党和群众的关系，也就是全心全意为人民服务，一切为了群众，一切依靠群众。这是党的生命线和根本工作路线。这里着重从工作方法角度谈谈它的意义和作用。

毛泽东同志说："只有蠢人，才是他一个人，或者邀集一堆人，不作调查，而只是冥思苦索地'想办法'，'打主意'。须知这是一定不能想出什么好办法，打出什么好主意的。"他在谈民主集中制的问题时又说："我们的领导机关，就制定路线、方针、政策和办法这一方面说来，只是一个加工工厂。""如果没有民主，不了解下情，情况不明，不充分搜集各方面的意见，不使上下通气，只由上级领导机关凭着片面的或者不真实的材料决定问题，那就难免不是主观主义的，也就不可能达到统一认识，统一行动，不可能实现真正的集中。"

在革命战争年代，毛泽东同志经常在做出决策时反复征求在第一线的将领的意见。大家熟知，解放战争时期粟裕等提出进行淮海战役的建议。毛泽东同志当晚为中央军委起草批示："我们认为举行淮海战役，甚为必要。"抗日战争时期，精兵简政这个"极其重要的政策"是由党外人士李鼎铭提出来的。毛泽东同志说："他提得好，对人民有好处，我们就采用了。"这些是科学决策、民主决策的重要事例。

在社会主义建设时期，也有不少这样的事例。拿工业来说，1960年毛泽东同志看了鞍山市委的报告后，充分肯定鞍山钢铁公司群众在实践中形成的"两参一改三结合"

的经验，把它称为"鞍钢宪法"。那就是：干部参加生产劳动，工人参加企业管理；改革企业中不合理的规章制度；在技术革新和技术革命中实行企业领导干部、技术人员、工人三结合的原则。这个原则至今仍有重要意义，在国际上也产生了影响。

拿农业来说，为了总结经验教训、克服"大跃进"后的严重经济困难，毛泽东同志提出要大兴调查研究之风。调查研究，便是一再提倡的"从群众中来，到群众中去"的根本方法。他自己组织和领导三个调查组，分别到农村进行调查，深入基层，深入群众，直接听取农民和农村干部的意见。他从中发现："大队内部生产队与生产队之间的平均主义问题，生产队（过去小队）内部人与人之间的平均主义问题，是两个极端严重的大问题。"他写道："不亲身调查是不会懂得的，是不能解决这两个重大问题的（别的重大问题也一样），是不能真正地全部地调动群众的积极性的。"他还指出：许多领导人对一些重大问题不甚了了，一知半解，"其原因是忙于事务工作，不作亲身的典型调查，满足于在会议上听地、县两级的报告，满足于看地、县的书面报告，或者满足于走马看花的调查。这些毛病，中央同志一般也是同样犯了的。我希望同志们从此改正。我自己的毛病当然要坚决改正"。这是一段很精彩又很中肯的总结，实际上也是对"大跃进"以来包括他自己在内所犯错误的反思。

毛泽东同志一再强调，中国共产党如果脱离了群众，必将一事无成，只有紧紧依靠群众，充分调动最广大人民的积极性、主动性、创造性，才有可能实现党所提出的各项任务目标。他要求："我们的政策，不光要使领导者知道，干部知道，还要使广大的群众知道。""群众知道了真理，有了共同的目的，就会齐心来做。""群众齐心了，一切事情就好办了。"

今年是毛泽东同志诞辰120周年，我们深深怀念他。邓小平同志曾深情地说："毛主席一生中大部分时间是做了非常好的事情的，他多次从危机中把党和国家挽救过来。没有毛主席，至少我们中国人民还要在黑暗中摸索更长的时间。"毛泽东同志晚年犯了严重错误，那正是由于违背了他自己一贯提倡的正确原则。但从他一生的主要方面来看，他的功绩无疑是第一位的。

毛泽东在三大战略决战中[1]

什么是战略决战？就是指对战争全局有决定意义的战役，通常表现为交战双方的主力会战，因为只有在会战中歼灭对方的主力，才能最终决定战争的胜负。在全国解放战争中，战略决战就是辽沈、淮海、平津三大战役。正因为战略决战对战争全局起着决定性作用，是战争的真正重心所在，双方的军事统帅不能不全力以赴地为争取真正的胜利而投入这场斗争。又因为它是双方主力的会战，在整个战争过程中是最激烈、最复杂、最变化多端的阶段，在指挥上也是最不容易驾驭的时刻。

对军事统帅来说，战略决战是检验他的战略眼光、驾驭复杂局势的能力以及决心和意志力的最好试金石。这里包括：他能不能总揽全局地正确判断客观战争局势的发展；

---

[1] 本文发表于《党的文献》2013年第1期。原题为《在三大战略决战中的毛泽东和蒋介石》。

能不能敢于在适当时机下常人难以决断的最大决心,排除种种困难,坚决贯彻实行;能不能灵活地应对战场上出现的可以预见或难以预见的重要变化,随机应变,及时调整部署;能不能巧妙地从战役的这一阶段向下一阶段发展,如此等等。可以说,战略决战在相当程度上也是双方军事统帅指挥作战能力的较量。较量中孰优孰劣,空言争辩是没有用的,一切只能靠战争实践的事实来检验。

当然,战略决战的胜败不能单纯从军事这一个角度来考察,它通常有深刻的社会原因,同政治、经济、思想、文化等诸多因素交织在一起,特别是由人心向背这一根本因素所支配,但军事统帅的主观指挥是否正确无疑也起着极为重要的作用。

毛泽东曾着重指出这一点:"我要优势和主动,敌人也要这个,从这点上看,战争就是两军指挥员以军力财力等项物质基础作地盘,互争优势和主动的主观能力的竞赛。竞赛结果,有胜有败,除了客观物质条件的比较外,胜者必由于主观指挥的正确,败者必由于主观指挥的错误。"[1]

他还指出:"战争是力量的竞赛,但力量在战争过程中变化其原来的形态。在这里,主观的努力,多打胜仗,少

---

[1] 毛泽东:《毛泽东选集》第2卷,北京:人民出版社,1991年版,第490页。

犯错误,是决定的因素。客观因素具备着这种变化的可能性,但实现这种可能性,就需要正确的方针和主观的努力。这时候,主观作用是决定的了。"[1]他在这短短的一段话里连用了两次"决定"这个词,来加强语气。战争的胜败,从根本上说,自然取决于客观因素是否具备,取决于人心的向背,取决于胜利一方各级将领、战士以及民众的共同努力,而有了这些条件以后,军事统帅的作战指导是否正确,无疑可以起"决定"作用。

毛泽东本来不是军人。他自己说过:"我是一个知识分子,当一个小学教员,也没学过军事,怎么知道打仗呢?就是由于国民党搞白色恐怖,把工会、农会都打掉了,把五万共产党员杀了一大批,抓了一大批,我们才拿起枪来,上山打游击。"[2]

既然如此,为什么毛泽东会成长为一位出色的军事统帅?他的办法是"从战争中学习战争"。这有两层意思:一是要投身到战争实践中去,否则就谈不上从战争中学习战争;二是要在战争实践中用心去想,不断总结实践中成功的经验和失败的教训,用来校正自己的认识和行动,并且

---

[1] 毛泽东:《毛泽东选集》第2卷,北京:人民出版社,1991年版,第487页。
[2] 中共中央文献研究室编,金冲及主编:《毛泽东传(1893—1949)》(上),北京:中央文献出版社,2004年版,第164页。

把战争中遇到的重要问题提到较高的原则性上去思索和解决，这就是研究战略问题。

陈毅曾对毛泽东的军事思想作做这样的概括："其特点是以实事求是的方法去研究中国战争的实际，去发现和掌握中国革命军事的总规律。"[1]

陈毅说得很对。实事求是，确实是毛泽东军事思想的精髓。在战争中，他总是力求熟识敌我双方各方面的情况，使作战的部署和指挥尽量适合当时当地的情况，使主观的指导和客观的实际情况相符合，做那些实际上可能做到的事情，而不是只凭主观愿望去瞎指挥，更不是只说一大堆空话。这是他在战争中所以能克敌制胜的关键所在。

当然，对客观事物的认识不可能一次完成，在战争中尤其如此。他清醒地看到："统统相符合的事，在战争或战斗中是极其少有的，这是因为战争或战斗的双方是成群地武装着的活人，而又互相保持秘密的缘故，这和处置静物或日常事件是大不相同的。然而只要做到指挥大体上适合情况，即在有决定意义的部分适合情况，那就是胜利的基础了。"

他对军事统帅如何才能正确地指挥作战的思考和实行

---

[1] 中国人民解放军军事学院编:《陈毅军事文选》，北京：解放军出版社，1996年版，第325页。

过程做了具体而清晰的叙述:

指挥员的正确的部署来源于正确的决心,正确的决心来源于正确的判断,正确的判断来源于周到的和必要的侦察,和对于各种侦察材料的联贯起来的思索。指挥员使用一切可能的和必要的侦察手段,将侦察得来的敌方情况的各种材料加以去粗取精、去伪存真、由此及彼、由表及里的思索,然后将自己方面的情况加上去,研究双方的对比和相互的关系,因而构成判断,定下决心,作出计划——这是军事家在作出每一个战略、战役或战斗的计划之前的一个整个的认识情况的过程。粗心大意的军事家,不去这样做,把军事计划建立在一厢情愿的基础之上,这种计划是空想的,不符合于实际的。

认识情况的过程,不但存在于军事计划建立之前,而且存在于军事计划建立之后。当执行某一计划时,从开始执行起,到战局终结止,这是又一个认识情况的过程,即实行的过程。此时,第一个过程中的东西是否符合于实况,需要重新加以检查。如果计划和情况不符合,或者不完全符合,就必须依照新的认识,构成新的判断,定下新的决心,把已定计划加以改变,使之适合于新的情况。部分地改变的事差不多每一作战都是有的,全部地改变的事也是间或有的。鲁莽家不知改变，或不愿改变，只是一味盲干，结果又非碰壁不可。[1]

这两段话是毛泽东在1936年12月写的，而他在12年后的三大战略决战时作为中国人民解放军最高统帅时也是这样思考和践行的。

正确判断战争全局的客观形势，是中国人民解放军决定发动三大战略决战的出发点和基本依据。到1948年8月，正确选择决战时机已成为刻不容缓的问题。

解放战争两年来国民党军有生力量被大量消灭，双方力量对比已发生巨大变化。国民党当局正在考虑撤退东北、确保华中的问题，但仍举棋不定。叶剑英写道："在这种情况下，究竟是让敌人实现他们把现有兵力撤至关内或江南的计划，使我们失去时机，从而增加我军尔后作战的麻烦呢？还是在敌人还没有来得及决策逃跑之前，我们就当机立断，抓住大好时机，组织战略决战，各个消灭敌人的强大战略集团呢？机不可失，时不再来。毛泽东同志根据对战争形势的科学分析，毅然决然地抓住了这个战略决战时机，先后组织了辽沈、淮海、平津三大

---

[1] 参见毛泽东：《毛泽东选集》第1卷，北京：人民出版社，1991年版，第179、180页。

战役。"[1]

在兵力还没有超过对方的条件下,综合各方面因素的考虑,下决心发动战略决战,需要有大智大勇。这也是蒋介石没有料到、因而在事先也没有做出应对准备、结果处处陷于被动挨打的重要原因。

抓住决战时机后,确定决战方向十分重要。既要全局在胸,又要正确地选择从何着手,接着如何一步一步发展,直至达到预期的目标。这对军事统帅的指挥能力是一个重要考验。

毛泽东历来强调:"一战而胜,再及其余,各个击破,全局因而转成了优势,转成了主动。"[2]他写道:"第一个战斗,关系非常之大。第一个战斗的胜败给予极大的影响于全局,乃至一直影响到最后的一个战斗。"怎样打好"第一个战斗"?毛泽东归纳了三条原则:"第一,必须打胜。必须敌情、地形、人民等条件,都利于我,不利于敌,确有把握而后动手。否则宁可退让,持重待机。机会总是有的,不可率尔应战";"第二,初战的计划必须是全战役计划的有机的序幕。没有好的全战役计划,绝不能有真正好的第

---

[1] 中国人民解放军军事学院编:《叶剑英军事文选》,北京:解放军出版社,1997年版,第458页。

[2] 毛泽东:《毛泽东选集》第2卷,北京:人民出版社,1991年版,第491页。

一仗";"第三,还要想到下一战略阶段的文章。""战略指导者当其处在一个战略阶段时,应该计算到往后多数阶段,至少也应计算到下一个阶段。尽管往后变化难测,愈远看愈渺茫,然而大体的计算是可能的,估计前途的远景是必要的";"走一步应该看那一步的具体变化,据此以修改或发展自己战略战役计划,不这样做,就会弄出冒险直冲的错误。然而贯通全战略阶段乃至几个战略阶段的、大体上想通了的、一个长时期的方针,是决不可少的。"[1]

三大战略决战是从东北战场开始的。叶剑英描述了毛泽东的决策过程:"当时全国各战场的形势虽然在不同程度上都有利于人民解放军的作战,但敌人在战略上却企图尽量延长坚守东北几个孤立要点的时间,牵制我东北人民解放军,使我军不能入关作战;同时,敌人又准备把东北敌军撤至华中地区,加强华中防御。在这种情况下,如果我们把战略决战的方向,指向华北战场,则会使我军受到傅作义、卫立煌两大战略集团的夹击而陷于被动;如果我们把战略决战的方向首先指向华东战场,则会使东北敌人迅速撤退,而实现他们的战略收缩企图。因此,东北战场就成为全国战局发展的关键。""决战首先从局部的形势开始,

---

[1] 参见毛泽东:《毛泽东选集》第1卷,北京:人民出版社,1991年版,第220、221、222页。

进而争取全局上的更大优势。由于迅速而顺利地取得了辽沈战役的胜利,就使全国战局急转直下,使原来预计的战争进程大为缩短。"[1]

作战方向确定后,为了取得理想的作战效果,毛泽东和中央军委在三大战略决战中几乎都采取了奇袭的作战方法。正如《孙子兵法·九地篇》所说:"兵之情主速,由不虞之道,攻其所不戒也。"又如《孙子兵法·始计篇》所说:"兵者,诡道也。""攻其无备,出其不意。此兵家之胜,不可先传也。"英国军事学家李德·哈特也写道:"军事计划不用'奇袭'这把永远管用的钥匙,失败就可能接踵而至,不现实的想法是替代不了这把钥匙的。"[2]这句话大体上也是这个意思。

要做到奇袭,并不容易。怎样才能使对方"无备"和"不意"呢?有两个重要条件:一是迅速,二是保密。有时还需要以佯动来造成对方的错觉。

在三大战略决战中,初战几乎都采取奇袭的做法,先从对方"不意"的要地突然发动强有力的攻击,在它的防御链上打开一个大的缺口,使对方在部署和心理上都陷于

---

[1] 中国人民解放军军事学院编:《叶剑英军事文选》,北京:解放军出版社,1997年版,第459、460页。

[2] [英]李德·哈特,林光余译:《第一次世界大战战史》,上海,上海人民出版社,2010年版,第220页。

异常慌乱的地步，再一步一步扩大战果，直到取得全局的胜利。

拿辽沈战役来说，锦州的重要战略地位是谁都知道的。但当时东北野战军的主力和后方根据地都在北满，又采取了一些佯动，使国民党军误以为解放军会将进攻重点指向长春，而解放军主力却隐蔽地远途奔袭锦州地区，直到以突然行动包围义县并切断锦州同关内的陆路交通，才使蒋介石如梦初醒，慌忙地调整部署，陷入一片混乱。这可以称为奇袭。

再看淮海战役，国民党军原来判断解放军会从西侧奔袭徐州，解放军又以多路佯动，增强对方这种错觉，从而将李弥兵团西调，孙元良兵团北调，集中在徐州周围。华东野战军主力立刻乘虚而入，隔断孤悬东侧的黄百韬兵团同徐州之联系，开始了淮海战役的"第一个战斗"。这就打乱了国民党军队在徐州地区的整个部署，随后，中原野战军同样乘虚而入，突袭宿县，切断徐州同蚌埠之间的联系，奠定淮海战役全胜的基础。这也是"攻其不备，出其不意"的奇袭。

在平津战役中，国民党军的注意力最初集中在东面，提防东北野战军主力大举入关，蒋介石还要求把部队东移津沽，以备必要时从海路南撤。解放军却出其不意地从西线打起,让原在归绥的杨成武兵团和原在石家庄北面的杨得志兵团分别迅速包围张家口和新保安,将傅作义的注意力吸引到西边,顾不上东线。而东北野战军主力又提前行动,悄悄地越过长城南下,分割东面的北平、天津、塘沽之间的联系。尽管东北解放军不进行休整就开始秘密入关,但有如时任东北野战军第一兵团副司令员的陈伯钧所说:"这时我们对整个华北敌人的战略包围还未形成,我们在津塘方面的兵力还很不够,倘若过早对平津等地实行战役包围,对张家口、新保安、南口等地实行战役进攻,势必吓跑敌人,不利今后作战。除此而外,在辽沈战役结束之后,部队由于连续作战未及休整,又经过长途跋涉,来到关内,十分疲劳。"[1]这些都需要有一定时间。因此,又采取"围而不打"和"隔而不围"这种战史上十分罕见的打法。在这过程中,也有许多奇袭的因素。

像下棋一样,下好每一步重要的棋,都必须具有战略眼光,充分考虑这步棋会引起全局发生怎样的变化,乘势扩大战果,夺取全局的胜利。而在关键的地方,必须十分用心,考虑到多种可能性和切实的应对办法。毛泽东指

---

[1] 陈伯钧:《兵临城下——回忆解放北平》,《红旗飘飘》编辑部编:《解放战争回忆录》,北京:中国青年出版社,1961年版,第297页。

出:"学习战争全局的指导规律,是要用心去想一想才行的。""指挥全局的人,最要紧的,是把自己的注意力摆在照顾战争的全局上面。主要地是依据情况,照顾部队和兵团的组成问题,照顾两个战役之间的关系问题,照顾各个作战阶段之间的关系问题,照顾我方全部活动和敌方全部活动之间的关系问题,这些都是最吃力的地方,如果丢了这个去忙一些次要的问题,那就难免要吃亏了。"[1]

在毛泽东和中央军委指挥下,三大战略决战不是分散的、孤立的、各自进行的三个战役,而是有着通盘筹划,一环紧扣一环,相互照应,一气贯注的完整部署。

对具体的作战方法,毛泽东在1947年十二月会议上提出了著名的十项军事原则。[2]其中,"集中优势兵力,各个歼灭敌人"是根本的方法。毛泽东很早就说过:"集中兵力看来容易,实行颇难。人人皆知以多胜少是最好的办法,然而很多人不能做,相反地每每分散兵力,原因就在于指导者缺乏战略头脑,为复杂的环境所迷惑,因而被环境所支配,失掉自主能力,采取了应付主义。"[3]这种根本的作战方法,在毛泽东指导三大战略决战时得到了充分的运用。

---

[1]毛泽东:《毛泽东选集》第1卷,北京:人民出版社,1991年版,第176、177页。
[2]毛泽东:《毛泽东选集》第4卷,北京:人民出版社,1991年版,第1247—1248页。
[3]同[1],第222页。

军事胜利从来不是单靠军队来实现的。人民战争更是如此。毛泽东一向强调"兵民是胜利之本"。三大战略决战能获得胜利，一个基本原因是民众的支持，不断以人力物力支援前线。

拿淮海战役来说，中央军委决定"举行淮海战役，甚为必要"后三天，毛泽东就为中央军委起草电报指出："这一战役必比济南战役规模要大，比睢杞战役的规模也可能要大。因此，你们必须有相当时间使攻济兵团获得休整补充，并对全军作战所需包括全部后勤工作在内有充分之准备方能开始行动。"[1]战役开始后不久，周恩来又为中央军委起草致中原局、华北局、华东局电报，说明前线参战部队和民工近百万人，每月需粮约一亿斤，要求各地立即动手筹集并速调粮食供应前线。[2]

那时供应解放军前线的物资运送，几乎全靠肩挑背负、小车推送。粟裕回忆道："参战部队加支前民工每日需粮数百万斤。加上天气寒冷，供应线长，运输不便。因此，粮食的供应，就成为淮海战役能否取胜的一个重要关键。为此，

---

[1] 毛泽东：《毛泽东军事文集》第5卷，北京：军事科学出版社、中央文献出版社，1993年版，第26页。

[2] 参见中共中央党史资料征集委员会主编：《淮海战役》第3册，北京，中共党史资料出版社，1988年版，第12页。

毛泽东同志一再指示我们，必须统筹解决全军连同民工一百三十万人三至五个月的口粮，以及弹药、草料和伤员的治疗等问题。华东局发出了'全力以赴，支援前线'的指示，提出了'解放军打到哪里，就支援到哪里'的口号，组成了华东支前委员会，进一步加强了对支前工作的统一领导。山东人民积极响应党的号召，省吃俭用，保证了部队用粮。"淮海战役后期的解放军阵地上，"粮足饭香，兵强马壮。待战役结束时，前方尚存余粮四千多万斤"。[1]

整个淮海战役中，共动员民工543万人次，运送弹药1460多万斤，粮食9.6亿斤。陈毅深情地说：淮海战役的胜利是人民群众用小车推出来的。这同国民党军队屡屡弹尽粮绝，陷入绝境，成为他们多次覆没的重要原因，恰成鲜明的对照。能不能得到民众的全力支持，确实是战争能不能取得胜利的根本问题。

毛泽东思想是集体智慧的结晶。在军事领域内，他十分重视处在第一线的将领们的意见，常同他们反复商议，认真听取并考虑他们的判断和建议。

以淮海战役为例：它的发动，起于华东野战军代司令

---

[1] 粟裕:《山东人民对解放战争的支援》，邓华、李德生等:《星火燎原未刊稿》第10集，北京：解放军出版社，2007年版，第101—102页。

兼代政委粟裕在济南战役快结束时向中央军委"建议即进行淮海战役"。[1]第二天,毛泽东立即为中央军委起草复电:"我们认为举行淮海战役,甚为必要。"[2]

当华东野战军正准备分割包围黄百韬兵团时,留在大别山地区的中原野战军司令员刘伯承在1948年11月3日致电中央军委提出:"蒋军重兵守徐州,其补给线只一津浦路,怕我截断……只要不是重大不利之变化,陈、邓(指陈毅、邓小平——引者注)主力似应力求截断徐、蚌间铁路,造成隔断孙(指孙元良——引者注)兵团、会攻徐州之形势,亦即从我军会战重点之西南面斩断敌人中枢方法,收效极大。"[3]第三天,毛泽东就为中央军委起草致陈邓并告粟陈张(指粟裕、陈士榘、张震——引者注)电,提出在宿蚌地区作战的两个方案,"何者为宜,望酌复"。7日,粟陈张报告,"如中原军歼灭刘汝明部作战已经完成,则建议以主力直出津浦路徐蚌段……截断徐敌退路,使李、邱(指李弥、邱清泉——引者注)兵团不能南撤"。[4]9日,毛泽东为中央军委连续起草两个电报,前一个电报,要求"陈邓直接

---

[1] 粟裕:《粟裕文选》第2卷,北京:军事科学出版社,2004年版,第571页。
[2] 毛泽东:《毛泽东文集》第5卷,北京:人民出版社,1996年版,第157页。
[3] 中国人民解放军军事学院编:《刘伯承军事文选》,北京:解放军出版社,1992年版,第437页。
[4] 同[1],第616页。

指挥各部，包括一、三、四、九纵队应直出宿县，截断宿蚌路"。[1]后一个电报更明确地指出："齐辰电（指粟裕、张震11月8日电——引者注）悉。应极力争取在徐州附近歼灭敌人主力，勿使南窜。华东、华北、中原三方面应用全力保证我军的供给。"[2]淮海战役的全盘战略设想，就是在中央军委同前线各将领根据实际情况经过反复磋商后确定的。

中原野战军参谋长李达评论道："军委、毛主席善于采纳前线指挥员的建议，及时修改计划，适应已经变化的情况，并再次重申给予总前委刘陈邓（指刘伯承、陈毅、邓小平——引者注）'临机处置'之权，这是淮海战役所以能顺利发展并取得全胜的一个重要原因。"[3]

军情本来是异常紧迫的，但在决策酝酿阶段或情况许可时，毛泽东总是同前方将领反复磋商，听取他们的意见，然后做出决断；在决策已定而情况紧急时，又要求前方将领一切由他们"临机处置，不要请示"。这在蒋介石的作战指挥中是没有的。

中国共产党提倡：在民主基础上的集中，在集中指导

---

[1] 毛泽东：《毛泽东军事文集》第5卷，北京：军事科学出版社、中央文献出版社，1993年版，第182页。

[2] 同[1]，第184页。

[3] 中国人民解放军军事学院编：《李达军事文选》，北京：解放军出版社，1993年版，第291页。

下的民主。三大战略决战过程中,解放军最高统帅部和前方将领间在这方面确实达到了水乳交融的地步。

这里还要讲一讲周恩来在三大战略决战中发挥的特殊作用。

1947年3月国民党军队进攻延安后,人民解放军总参谋长彭德怀担负起西北解放军的指挥工作,以少数兵力抗击胡宗南部队的进攻。周恩来便以中央军委副主席兼代总参谋长。那时,毛泽东、周恩来、任弼时带了一支800人的小队伍转战陕北。适应当时的紧张局势,这个时期中共中央的领导是高度集中的,在中央决定问题的只是毛、周、任三个人。周恩来后来对外宾说:"在中央只有三个人,毛泽东、周恩来与任弼时同志。所谓中央,就是这三个人嘛!"[1]在他们转战陕北的一年内,刘邓大军千里跃进大别山,人民解放军从战略防御转入战略进攻,战争形势发展之快是惊人的。新中国成立后不久,毛泽东曾说过:"胡宗南进攻延安以后,在陕北,我和周恩来、任弼时同志在两个窑洞指挥了全国的战争。"周恩来接着说:"毛主席是在世界上最小的司令部里,指挥了最大的人民解放战争。"[2]他

---

[1] 中共中央文献研究室编,金冲及主编:《周恩来传》,第2册,北京:中央文献出版社,1998年版,第842页。

[2] 榆林地区《毛主席转战陕北》编写组编:《毛主席转战陕北》,西安:陕西人民出版社,1979年版,第2、3页。

没有提到自己，但他在其中所起的作用是不言自明的。

三大战略决战时，中共中央已集中在河北西柏坡，周恩来继续担任着中央军委副主席兼代总参谋长。他的工作是最忙碌的。每晚都是工作到次日凌晨才去睡觉，到上午9时又准时起床，一天不过休息五个小时。他和毛泽东住的院子靠得很近，随时见面，一有什么问题，两人就交换意见，商议解决办法。20世纪80年代初，笔者曾访问当时在周恩来身边工作的张清化。他说：那时军事上的问题，主要是由毛泽东和周恩来商量解决。毛泽东是挂帅的，周恩来参与决策，并具体组织实施。除了军委作战部外，周恩来还有个小作战室，由张清化任主任，相当于他的军事秘书。每天根据局势的变化负责标图。周恩来经常到军委作战室了解情况。他对敌我双方的战争态势、兵力部署、部队特点、战斗力强弱，以至国民党方面指挥官的简历、性格等，可以说了如指掌。有了什么情况，周恩来总是仔细地核实并弄清，然后向毛泽东报告。两人经过研究确定对策后，多数由毛泽东起草文电，少数由周恩来起草，而所有军事方面的文电都经周恩来签发。

从中央档案馆保存的当时军事方面的文电来看，由于军情紧急，除很少数经过书记处五位书记共同商议后做出决定外，其他大多数是毛泽东和周恩来商议后为中央军委起草发出的。发出时大抵是两种情况：一种，比较多的是在文电上由毛泽东或周恩来批有"刘、朱、任阅后发"，经三人圈阅后发出；另一种，军情特别紧迫时，就批有"发后送刘、朱、任阅"。由于文电都是毛、周两人共同商议后用军委名义起草的，不能说毛泽东起草的只是毛泽东一个人的意见，只有周恩来起草的才是周恩来的意见。在重大战略问题上，究竟哪些意见是周恩来提出的，由于当时只有他们两人商议，没有别人在场，现在已难以辨别，以后恐怕也无法再说清楚了。

还有一点需要说明：军事从来不能同经济、政治、文化等因素分割开来孤立地考察。李德·哈特说："胜利是累积而成的。在此，所有武器包括军事、经济以及心理皆有所贡献。胜利的获得，唯靠善用与整合现代国家中一切既存资源。成功则需依赖各种行动的圆满协调。"[1] 毛泽东在军事指导中的一个重要特点，是他始终把军事同经济、政治、文化等诸多因素作为一个整体，综合起来考察，在此基础上作出判断和决策。

---

[1]［英］李德·哈特，林光余译：《第一次世界大战战史》，上海：上海人民出版社，2010年版，第427页。

毛泽东和周恩来[1]

毛泽东最离不开的是周恩来

访问人（张素华、边彦军、吴晓梅）： 毛泽东是一个伟大的战略家，而周恩来更突出的是一个伟大的国务活动家。有人说，在中国革命过程中，"谋事是毛，成事是周"。对这种毛周之间密切配合所产生的对中国政治的影响，您怎么看？

金冲及： 毛泽东和周恩来这两个人，的确是不可分离的。说起来很有意思，在中国近现代历史上，常常有两人并称的例子。比如太平天国的洪杨（洪秀全、杨秀清）、戊戌维新运动的康梁（康有为、梁启超）、辛亥革命时期的孙黄（孙中山、黄兴）、中国共产党建党前后的"南陈北李"（陈独秀、李大钊）等。两个人中总是以一个为主，另一个也

---

[1] 本文发表于《党的文献》1993年第2期。原题为《关于"毛泽东和周恩来"的对话》。

有别人难以替代的作用，往往是相互补充和相互依存。在中国共产党第一代领导集体中，虽然没有"毛周"这样的说法，但两人关系的紧密是有目共睹的。在两人的关系中，当然毛起着主导的作用。毛泽东的智慧和他对中华民族做出的贡献，是别人难以替代的。小平同志讲过一句很中肯的话：没有毛主席，也许我们至今还在黑暗中摸索。对周恩来，我想也可以这么说：如果没有毛泽东，周恩来不会成为今天这样的周恩来。当然从青年时代起，周恩来一直是很杰出的，但真正能使他在一个正确方向下充分施展才能的，还是因为有了毛泽东的领导。这是事实。周恩来如此由衷地尊崇和维护毛泽东，原因也在这里。而对毛泽东，有如一位中央领导同志所说，最离不开的是周恩来。这同样是事实。他们之间的关系确实是相得益彰。

访问人：那么，具体而论，又怎样估价他们两人各自对中国革命、中国政治所起的作用与影响呢？

金冲及：尼克松曾讲过这么一句话：毛泽东是拿主意决定大事的人，周恩来是负责执行的。一般来讲，尼克松的话不无道理。我读过不少毛泽东和周恩来在各种会议上的讲话记录和文章，有一个感觉，就是毛重在统筹全局，提出大政方针，那真是高屋建瓴，势如破竹；而周的讲话和文章更多地给我的感觉是细致周密，入情入理。所以一般说来，毛泽东确实是更多地在把握大的方向，拿大主意，而周恩来更多地负责执行和落实。

但这只是相对来说的，不能把话说死。毛泽东是不是光拿大主意而对具体工作就不过问？不是的。毛泽东对他认为在全局中有决定意义的一些具体环节通常也抓得非常紧、非常细。他不是说"抓而不紧，等于不抓"吗？在他的前期尤其是如此。反过来，周恩来也绝不是一个只能起执行作用的人。他也是一个战略家、一个有着重大决策能力的人。比如，周恩来1924年在法国时谈到"国民革命"和"共产主义革命"的关系时说过："不走到第一步，何能走到第二步？"说明了中国革命要分两步走的道理。1930年4月他在德国共产党中央机关报《红旗报》上写道："农民游击战和土地革命是今日中国革命的主要特征。"这些都是很早的事情。中央九月来信对古田会议的作用，也是大家所熟悉的。以后，在推动中国革命胜利发展的过程中，周恩来对于党的许多重大决策的提出一直做出过很多贡献。我举个例子。

在《周恩来传》起草过程中，有位中央领导同志看了后觉得对周恩来在军事上特别是在解放战争包括三大战役中所起的作用没有充分反映出来。因为周恩来当时是军委副主席、代理总参谋长，应当反映出他在这方面的重要贡献。后来我跟邓大姐讲到这一点时，邓大姐说，是这样。她说："恩来同志在陕北时实际上是总参谋长。许多作战方案，包括以后朝鲜战争时期的作战方案，都是他先拟好了送给主席看，由主席批，或者他先找主席请示，谈好后，由他再来贯彻。"确是事实。我们为难的是：写传的主要依据是目前留下的档案，其中最重要的具有战略性决策问题的文件大都确是由毛泽东起草的，周恩来起草得比较多的是一些具体贯彻执行的或配合性的文件。但这是不是就说明只有毛泽东一个人在做决策？也不能那样说。档案能说明问题，但档案并不能说明所有的问题。在当时军委作战室工作过的一位同志讲到过：当时一般来说，几乎每天所有的军事电报，都是先送到周恩来那里，周恩来看了以后，考虑好自己的意见，通常在地图上也标明了，然后去找毛泽东，两人一起对重大问题共同商量。做出决定后，今天看到的重要文电由毛泽东亲自动手起草，其他一些具体问题由周恩来处理。当时党的领导集体是五大书记，在军事方面很多重大决策的做出，毛泽东当然起着主要作用，接下来就是周恩来的参与了。周恩来曾说过：转战陕北时，在世界上最小的司令部里，指挥了最大的人民解放战争。这最小的司令部实际上就是两三个人。另外，在外交等方面，周恩来也发挥了不少重大的决策作用。这不用多说了。所以，说毛泽东是决策者，周恩来是执行者，一般说可以，但不能说死，只是相对而论的。

访问人："谋事是毛，成事是周"是一般概括性的比较形象的说法。

金冲及：在某种意义上说，周恩来也是有意识地使自己主要扮演执行者的角色。一位曾在周恩来身边工作过多年的老同志曾跟我谈起过一件事。建国初，有一次他曾问周恩来：你为什么不多做些理论方面的工作？周恩来说，你怎么也讲这个话？我们这么大的一个国家，有那么多具体的事，总要有个人去管。我多管些这类事，就可以让毛主席有更多的时间去考虑一些更大的问题。可见，周恩来从国家和革命事业全局的利益出发，甘愿把自己放在"配角"的位置。而他内心确实钦佩毛泽东，相信毛泽东考虑这些更大的问题要比自己高明。也是尼克松讲过：周恩来总是小心翼翼地把聚光灯的焦点只对准毛泽东一个人。

访问人：梁漱溟曾讲过，周恩来是绝顶聪明的人。毛泽东召集会议，特别是建国以后，讲起话来经常是国内国外、海阔天空。讲完了，说，就这样吧！究竟怎样？别人未必明白，但周恩来全明白。余下的事就要靠周恩来去贯彻执行了。梁漱溟的话，虽是一家之言，但起码说明，在重大决策过程中，毛泽东的主导地位是毫无疑问的，但这之后缺不了周恩来这位总理。同时也说明，毛、周二人之间有着高度的默契。

金冲及：是这样。毛泽东的思想博大深邃，有时候不能止于从字面上去理解它。对毛泽东的思想脉络，周恩来十分了解，能够准确把握。同时，对周恩来办事的细致周密，毛泽东也很放心。

周恩来对中国政治所起的作用，在毛泽东晚年，还有一种特殊的意义。晚年的毛泽东，一方面越来越少参与党和国家的日常具体工作，另一方面他同实际的距离也越来越远了。胡乔木同志讲到过，有一次他劝主席多到工厂去看看。主席说，我怎么去啊？我一去，人都围了上来，是我看工厂，还是工厂看我？在毛泽东晚年这种同实际越来越隔膜的状况下，周恩来在一些方针政策的制定方面对毛泽东所起的补充作用似乎比以往更多一些。

他们的一致和不一致

访问人：毛泽东周恩来在党的历史上有一致的时候，

也有不一致的时候,我们应该怎样看待他们的一致和不一致呢?

金冲及:照我看,他们两人对中国革命和建设的大目标是一致的,而且周恩来对毛泽东确实心悦诚服。否则就无法解释他们之间为什么能建立起这样亲密而默契的合作关系。当然,他们之间对有些问题的看法也有差别以至分歧。但他们之间一直没有发生过正面的尖锐的冲突,这和其他不少领导人显然不同。

先讲民主革命时期。国外有一种说法,认为中央苏区时期党内的主要矛盾是毛泽东、周恩来之间的矛盾。我认为不是这样。

访问人:国外有人讲毛泽东、周恩来的矛盾是权力之争,说周恩来到中央苏区就夺了毛泽东的权。

金冲及:这话不能成立。因为成立苏区中央局是1930年六届三中全会后几天政治局决定的。书记一开始就是周恩来。它不只是负责中央苏区,而是负责指导全国各苏区和红军。因为那时在上海的中共中央离不开周恩来,所以,书记由先去苏区的项英代理,后来因为"AB团"问题,说项英右倾,再加上项英军事上弱一些,改由毛泽东代理。1931年周恩来到了苏区,书记一职自然由他担任。这怎么能说夺权呢？比如，这个位子本来是你的，你没到的时候请别人先代坐着。你来了他自然让给你。这哪有什么夺位子的问题？

访问人：那么，宁都会议是否存在周恩来夺了毛泽东军权的问题呢？

金冲及：这里讲的军权主要是指一方面军总政委的问题。本来，中革军委成立后一方面军就不存在了，朱德任红军总司令，王稼祥任总政治部主任，毛泽东是作为中央政府主席随中革军委活动的。后来一方面军恢复了，苏区中央局提议由周恩来兼任一方面军总政委，周、朱、王联名提议由毛泽东担任。周恩来又写信给中央局，坚持由毛泽东任总政委。毛泽东是在这种情况下恢复总政委职务的。宁都会议上多数人要把毛泽东召回后方。周恩来坚持将毛留在前方，可以在两种方案中选择，或者由毛泽东负指挥战争全责，周恩来监督行动方针的执行，或者由周恩来负主持战争全责，毛泽东协助。毛泽东个性很强，他认为既然不能取得中央局的全权信任，就坚决拒绝周恩来提出的前一方案。周恩来还是先代理总政委，以后才兼了这个职务。这不存在周恩来夺毛泽东权的问题。

宁都会议前关于军事问题的那一场争论，前方的周、毛、朱、王四个人意见是一致的，都是和在后方的中央局的争论。后方说你们不进攻，是消极等待主义。前方认为不能在不利条件下急于求战，主张先在那里发动群众，诱敌深入，集中兵力，等待战机，在运动中消灭敌人。前后方之间来来回回的电报多啦，不是一两句话说得完的。

访问人：宁都会议究竟讨论了些什么，有会议记录吗？

金冲及：现在就苦在没有会议记录，具体讲些什么，无从查找。不过看一看后方给中央的电报，也可以知道他们对周并不满意，说他是调和，说他批评项英甚至超过了批评毛泽东。毛泽东的脾气是，既然你们不支持我的观点，我就宁可不干。周恩来呢，他又要服从多数，顾全大局，又要尊重中央，想不通的也要暂时忍下去，继续干。他们两个人的性格不同。这一点也可能是周恩来不如毛泽东的地方。

访问人：中央苏区以后，特别是抗战初期以后，他们之间就很少分歧，配合得很默契，创造出一个个人间奇迹。但建国后，遇到一些过去没有经历过的新问题，毛周之间又产生了一些分歧。

金冲及：大一点的问题可能是两次，一次是1956年前后的反"冒进",一次是"文化大革命"。在反"冒进"问题上,详细的就不多说了,比如周为什么提出反"冒进"等等。我这里只讲一点,南宁会议批周批得很凶啊!毛主席讲,反"冒进"是泄了6亿人民的气,犯了政治方向的错误。总理检讨了一次又一次。

访问人:总理的检讨,是违心的,还是不违心的?

金冲及:我认为,他有想不通的地方,但也不完全是违心的。他想不通的地方,因为当时确实发生了冒进,这是事实。据说他找主席汇报时,两人争得很厉害。主席提出要追加20亿预算,周坚持不同意。据当时在总理身边工作的同志回忆,他写检讨,写着写着就写不下去了,内心一定很复杂。但也不能说他完全是违心的。在总理自己写的检讨里,第一句话就是:主席是从战略上看问题的,而我往往过多从战术上看问题。我看这个话还是发自内心的。当然是不是完全想通了,也未必。

访问人:他可能是在试图想通,或者努力去想通。

金冲及:问题恐怕就在这里。在周看来,主席高瞻远瞩啊!他可能会想,以往多少次历史经验证明,主席比他看得高,看得远。那么这一次也许是自己错了。从这个意义上讲，总理的检讨也不完全是违心的。

访问人：关于"文化大革命"中的周恩来，人们议论较多，有的说他是忍辱负重，有的说他是不倒翁，是愚忠，更有甚者，个别人说他是软骨头。对于这些，您是怎么看的？

金冲及："文化大革命"这个问题就更复杂一些了。"文化大革命"开始的时候，主席没有告诉他，这也是事实，当时他正在忙着华北抗旱。批《海瑞罢官》，他事先也不知道。后来成立工作组后不久，他又出国了很长时间。不过最初他对"文化大革命"恐怕是拥护的，实行"反修、防修"，发动群众来消除社会主义社会中存在的阴暗面，这些在当时他不会反对。只是在方法上，什么人都打倒，他不会赞成；还有，他当时讲得很多的就是抓生产，生怕在这上面出事。其实，许多人在"文化大革命"中被冲击、被专政，最初自己还以为"文化大革命"的大方向是对的，后来才慢慢觉得有问题了。大家都有个认识过程，我想这也包括周恩来在内。

访问人：现在在人们心里有个结，毛泽东很信任周恩来，也只有周恩来才能和毛泽东说上话。周明明知道毛有很多做法是错误的,又为什么不向毛提意见呢?

金冲及:这涉及我们如何理解周恩来的问题。举个例子,1965年,周恩来在审查舞蹈史诗《东方红》时,讲了一段很耐人寻味的话。他说,即使是党的领袖犯了错误,只要没有发展到路线错误,提意见时,也要考虑到方式,考虑到效果,要注意党的团结。这时还没有搞"文化大革命",也没有想到会有后来那样的事,这段话倒反映了周恩来处事方法的特点。从当时的情况看,要周恩来在会议上当场起来反对毛泽东提出的重要意见,他是不会那样做的,那样做也没有效。一般说来,他有不同意见时更可能的是在会下找毛泽东单独交换意见。现在苦就苦在这里了,他单独见毛泽东的次数很多,这在他的台历上有记载。究竟谈了些什么?谁也不知道。周恩来通常也不会把他有什么不同意见随便对别人说的。我只知道一件事,是王力讲给我听的,他说,周总理给毛主席讲过,提资产阶级反动路线不通,路线错误只有"左"或右。什么叫资产阶级反动路线?这次为什么讲出来呢?因为周总理找王力了解《红旗》杂志的社论提出反对资产阶级反动路线是怎么回事。可见周恩来单独找毛泽东,他会提出个人看法的。这是偶尔露出的一点点。其他的事,照我看,他如果给主席讲了意见,主席接受了,他下来贯彻时,只会讲主席说了什么,决不会说这个意见是我提的。反过来讲,他提了意见,主席没有接受,他下来还得贯彻毛主席的意见,决不会说,我是不赞成的,我已提过了,主席不赞成我有什么办法。现在也没有证据说,周恩来向毛泽东提了多少不同意见。反过来也没有证据说,周恩来就没有向毛泽东提过不同意见。谁也没有根据,因为不知道他讲了些什么。历史上总有些后人再也无法弄清的事情。

关于说周恩来是不是软骨头的问题,有一次我到某个大学给研究生讲课,就遇到过,是一个研究生递条子向我提问的。当时我讲了这么一段话。我说,现在有些年轻同志恐怕是不大理解、也不大懂得一个对国家、民族负有那么大责任的革命家、政治家,面对异常复杂的环境时,是怎样权衡利弊、考虑和处理问题的。当时的环境多么复杂,存在着许许多多制约因素,对负有这样大责任的周恩来来说,并不是可以由着自己的性子,想怎么说就怎么说的。

在"文化大革命"中,可以供周恩来选择的余地其实很小。某种程度上说,只有两种选择:一种选择是公开反对"文化大革命",不赞成那样做,结果是什么呢?那只能是同毛泽东决裂,然后被打倒。另一种就是周恩来在"文化大革命"中实际上所做的,要表示支持"文化大革命",有时得违心地说一些话和做一些事,而在工作中尽量减少

"文化大革命"造成的损失，并为以后纠正错误准备种种条件。如果采取第一种选择，决裂和被打倒，在当时于事无补，而且我们国家当时处在那样困难和混乱的情况中。林彪也好，"四人帮"也好，只是到处鼓动冲杀破坏。国家经济生活的维持、外交的联系、一些极端混乱状况的排除，甚至哪里没有煤了要用煤、哪里交通断了要疏通，全得要他在那里硬顶着。他身边的得力助手几乎都被打倒或靠边了。如果他下来，国家这些事怎么办？对"文化大革命"中许多事（包括保护老干部和民主人士、制止过分的混乱状态等），当时也只有他说话多少还能起点作用。对党和国家、民族的命运怀有那样强烈责任感的周恩来，怎么可能不顾一切地任意采取行动？如果从个人来讲，他这样坚持图的是什么？他没有野心想当主席吧，这谁都承认。他没有什么财产，也没有子女。晚年的政治处境并不是那么好过。1972年以后又病得那么严重。可是他仍然一天坚持十几小时的工作。用他自己的话来说，就是"我不入地狱，谁入地狱"，"在'文化大革命'里，我只有八个字：鞠躬尽瘁，死而后已"。这是一般人难以做到的。他在前面两种选择中做出后一种选择，对他自己也许是一种最苦的选择，但只能选择这条路，忍辱负重，力挽狂澜，在"文化大革命"这场浩劫中，尽可能减少国家和人民的损失，另外在可能的情况下，一步一步地把一些被打倒或靠边的老同志扶起来，把五年计划重新制订起来，规章制度恢复起来，到最后重新提出实现四个现代化目标。他的逝世，在全国人民中间产生那么大的反响，包括4月5日那样的事。所有这些，某种程度上讲是高度韧性的意志的表现。现在看，主席去世以后，我们党所以能够那么快地扭转局面，这里包含着总理在不为人谅解的情况下默默地准备下那么多条件所起的作用。所以在这个选择之外，找任何一个选择，都不会比这个好。既要明确地表示不赞成"文化大革命"，又能维护团结，这说起来固然痛快，事实上他不能那样做。

访问人：其实还有另一面，林彪和江青一伙也是抓他的，在那么复杂的关系里，也就是周恩来能处理这些矛盾，维护这个大局面。

金冲及：我对那个递条子的研究生讲，陈老总是硬骨头吧，假如周恩来是软骨头，那么陈毅为什么还对周恩来那么尊重。就是因为陈毅能理解他，清楚地知道他的别人不可替代的作用。对一个伟大的肩负着国家民族利益的政治家，他在那里所考虑的问题，是不能用那种小市民市侩心理、更不能用有的人自己那种阴暗心理去猜测的。一看他没有倒，就想他是在保自己的什么，是在怕什么等。所以就有"软骨头"之类的说法了。还是那句话，一个人不怕别人批评他，就怕别人误解他。我们在总结历史经验时，当然可以说周恩来哪一点做对了，哪一点做错了。他也不可能什么都是做得正确的。这些，后人自然都可以评论，但首先总得如实地理解他，决不能轻率地不符合实际地凭着自己的猜测去议论。

性格、出身的差异……这不是主要的

访问人：记得有一次听您说过，如果把毛泽东和周恩来的出身、少年时的环境做些比较是很有意思的。

金冲及：这个话我说过。每个人所处环境的不同，包括出身、童年的经历，对于一个人的一生都是有影响的。周恩来出身于书香门第，他吸收中国传统文化中比较正统的东西多一点。而正统的传统文化里面不一定都是糟粕。

访问人：不好说温良恭俭让就完全不对。

金冲及：都要做具体的分析，不能一概否定。毛泽东在农村中长大，周围经常看到农民那种痛苦的生活，他从小喜欢看《水浒传》《封神榜》一类的书，在中国传统文化里面，他更欣赏带有叛逆性的那些人物和学说。他在家里又是长子，父亲对他的影响不是温情脉脉，而是很严厉。反抗性格在毛泽东青少年时代就表现得很突出。

周恩来出生在一个日益败落下去的家庭里，处处领会到生活的艰难，从小就有那么重的、几乎是他这个年龄的孩子力不胜任的生活担子要他担起来，养成他对集体（最初是对家庭这个集体）一直有着一种特别强烈的责任感。他小时候过继给叔父，后来又由他伯父带出去，有时在一种寄人篱下的情况下生活。当然寄人篱下这个词并不确切，因为他伯父待他很好，但总和在自己家里生活不同。他在南开中学读书时写的作文中说道：有一年除夕夜，别的同学都回家了，他回不去，不仅家在千里之外，而且那么穷困，想到这些他很伤心，流的眼泪把枕头都沾湿了。所以，他很重感情，也很能忍。整风时周恩来在重庆一次党的会议上还讲到过，母教的过分仁慈和礼让，对他的性格也有影响，他缺少那种野性。而毛泽东呢，大概如他自己所说，虎气、猴气都有，比较突出。这些只是随便举例，并不是在这里全面分析早年生活对他的影响，而且也不是绝对的。周恩来身上还有刚毅果断、总能以理智支配自己感情的一面，如在皖南事变这样关键时刻表现出来的大智大勇就不说了。我举个小例子，1958年他的家乡搞农田基本建设，碰到他父母的坟墓，他就坚决要求把他父母的遗骨进行深埋。这在我们今天看来也许算不了什么，但在周恩来身上并不是这样。他的留日日记上记有这么一件事：当他听说母亲坟上的砖头露了出来，心里十分不安，一夜都没睡着，恨不得能立刻飞回家乡去料理。可见他对母亲的感情多么深。但在1958年那个状况下，他毫不犹豫地要求把坟墓平掉，把父母的遗骨埋下去，其实也包含着把他自己的感情深深地埋了下去的意味。

访问人：这是一个很生动的故事。看来在周恩来这样的伟人身上，性格也有两个方面。那么，一个人少年时代的性格在这个人身上能起多大的作用呢？

金冲及：一个人大概到二十来岁，性格就逐渐形成了。这种性格是不是后来都消失无影呢？不见得。拿我自己的体会来讲，到现在已经做了四十多年的共产党员，但青年时代的朋友见面时，觉得我还是和做学生时差不多，性格好像没有怎么变。其实，还是有变化的，变了什么呢？政治立场、政治观点当然和那时不一样了，有了自己的坚定信念，在实际工作的锻炼中学到了许多原来没有的东西。对该做什么不该做什么，不再能完全由着自己的性子来，就是性格在有些方面也有很大的变化。所以，一个人早年的性格对他的影响要做一个适当的估计，不能太多地去强调。对一个人起决定作用的更多的还是他长期所处的环境和社会实践，不完全取决于童年养成的性格。今天我们研究毛泽东、周恩来也是这样，可以把童年对他们的影响作为一个角度去分析，但不要过分去强调。一个正确的判断如果过分夸大了，甚至把局部说成全体，也会变成谬误。

毛、周身上有许多共同的东西，就是对人类美好理想的追求，把中华民族从苦难中拯救出来的极大责任感，政治上的远见卓识，宽阔的胸襟，顽强的意志，高度的原则性和灵活性的巧妙结合，包括对克服困难、遇到挫折表现出来的韧性等，这些恐怕是主要的。正是这些把他们紧紧地联结在一起。

访问人：毛泽东和周恩来在进入青年时代后的经历也不完全相同，这些经历是不是对他们的以后有影响呢？

金冲及：我看这个问题比童年性格的影响更重要，更要注意到。从毛泽东来说，他基本上是在国内活动，只是在建国后去过两次苏联。但在国内，他还是到过北京、上海、武汉、长沙、广州这些大城市，如果没有这一段，只是在韶山，他也不会成为后来的毛泽东。毛泽东坚持不出国，说他的任务首先是要研究中国。这一条，毛泽东是很高明的。对旧中国国情（特别是最广大的农村）的了解，在我们党内谁也没有毛泽东了解得那么深刻、那么准确。不要说从苏联回来的那些留学生，甚至其他人都没有毛对中国国情熟悉。所以，在怎样推翻旧中国这个大问题上，任何人都不能和毛泽东相比。但反过来讲，他对现代化的社会大生产、对世界范围内社会经济发生着的深刻变动，毕竟没有多少直接的接触。当我们需要建设一个新中国，特别是社会主义制度建立起来以后，再怎样前进，建成一个现代化国家，他的经验和知识渐渐不够用了。当然，毛还是有世界眼光的政治家，但这种经验和知识上的局限对他也不能没有影响。

有一次，我在乔木同志那里谈到重读《论十大关系》，做了跟周恩来在这前后的一些讲话相比较，觉得两人在思路上有点微妙的差别。《论十大关系》中没有着重谈知识分子问题，没有着重谈科学技术问题，他侧重于怎么能够调动各方面的积极性，理顺各种关系，热气腾腾地把国家建设搞上去。周恩来在总的方面自然是按毛泽东的主张去发挥的，但他比较多地注意到世界科学技术飞速发展的巨大挑战，强调社会主义现代化建设中科学技术是关键。他还讲到过搞建设不能光靠人多，也不能过分追求超越实际可能的高速度。他谈到知识分子问题时，还特别强调高级知识分子的重要性。这一时期，从两人的思路上细看，是有差别，或者说是同中有异的。

访问人：问题在哪里呢？

金冲及：我想，这跟他们的各自经历也有关。周恩来、邓小平，包括陈老总、聂老总他们在年轻时都曾长期在欧洲留过学，即使是陈云，也是在中国经济最发达的上海成长起来的，十二三岁就在商务印书馆当学徒，他们对科学技术、对现代化社会大生产的亲身感受比较多，这对他们理解问题和考虑问题都是有影响的。当然，并不是说毛和他们在路线问题上有根本的分歧。总的说来，他们都是面对社会主义建设新时期的中国实际国情，在想问题，在摸索经验的。在探索过程中，细看起来，各人考虑问题的角度和思路有差别，但并没有形成鲜明的两种不同主张，最后还是统到毛泽东那里，由他做决定，别人还是按照他的主张去做。

访问人：能不能这么说呢，毛泽东在国内的知识和经历，在民主革命时期显示了巨大的作用，别人在国外留过学的经验和知识则暂时没有多少用。建国后，毛泽东的经验和知识渐渐不够了，而他们的知识则可以用上了。所以就产生了思路上的差异。

金冲及：有这个问题，但起决定作用的，仍不是青年时代的经验，而是现实的社会实践。周恩来为什么在知识分子会议上讲那些话，这跟他当时的实际工作有关：他领导制定第一个五年计划，一定计划，一算账，就发现我们的专家太少了，我们要达到什么指标，建设多少工厂，就需要多少技术人才，缺工程师啊。还有一个情况，这段时间周恩来到国外去了多次，1954年去日内瓦、去欧洲，1955年到万隆，他看到了国际上科技发展的势头，引起了思考，因此，他在讲话中谈到世界范围内科学技术的迅猛发展。这些亲身的感受、感触，决定了他对在中国进行社会主义建设的思路。

所以，这些后来的社会实践比家庭出身等造成的早期性格对他们影响还要大。今天我们回头来看历史，在民主革命时期和建国初，中国正处在一个空前激烈的社会大变动时期，那个时期的主要斗争形式就是群众运动一直到武装斗争，社会发展进入一个巨大飞跃的阶段，事情变化得那么快，这是长期历史积累下来的产物。在这种情况下毛泽东大显身手，总结出一套中国革命的经验，演出了一场场威武雄壮的历史活剧。按照量变和质变的规律，在一个飞跃实现后，又需要积累，经历一个渐变和部分质变的过程，不能凭主观而不断地采取大飞跃的方法。硬要那样做，即使是好心，也违反了客观规律，就会跌跤，这是一个严重的教训。我们今后的发展也是一样，要几年上一个台阶，波浪式推进，不能再用类似"大跃进"的方法。如果达成这个共识，既发奋努力，大胆地开拓前进，又严格按客观规律办事，我们的国家、民族是大有希望的。

周恩来的求真与反对极端主义[1]

周恩来是20世纪最伟大的政治家之一,这大概是举世公认的事实。他对人民事业"鞠躬尽瘁,死而后已"的献身精神,他精力充沛地处理各种复杂问题的能力,他谦虚谨慎、周密细致、密切联系群众的作风等,直到今天依然活在亿万人民心里。

人的行动总是由思想作指导的。正确行动的背后,必然有正确思想的指导。为什么周恩来能够取得如此巨大的成功?他给后人留下了哪些精神财富?这是一个需要从多方面进行深入研究的重大课题。这里,只想从他的思想方法这一角度谈一点零星的感受。

记得有一位外国朋友说过:在周恩来身上,从来没有

---

[1] 本文发表于《真理的追求》1990年第3期。原题为《求真、反对极端主义——周恩来哲学思考的两个鲜明特点》。

那种狂想主义和极端主义的色彩。这句话给我留下很深的印象，因为它确实把握住了周恩来思想方法的一个重要特色。没有狂想主义，一切从实际出发，这不就是唯物主义吗？没有极端主义，对复杂的事物坚持分析的态度，这不就是辩证法吗？如果称周恩来是在实际工作中能够炉火纯青地灵活运用辩证唯物主义的大师，这大约不能算是过分的。

周恩来的重要风格就是实际。他年轻时曾对自己做过这样的评论："我求真的心又极盛。""真"就是实际，"求"就是追求。周恩来从来不是那种只凭主观想象或一时冲动就采取行动的人。他总是苦苦地追求使自己的思想和行动能严格地合乎实际，而且这种"求真的心又极盛"。始终坚持实事求是的科学态度，这是理解周恩来的思想方法的一把重要钥匙。

周恩来自然是一个有着远大抱负和坚定理想的人。这种抱负和理想，是同他严格的求实精神相一致的。他在五四运动前，已在日本接触到马克思主义，并且抱着同情的态度。但他仍花了很长时间，对实际社会状况进行反复考察，对各种主义进行深思熟虑的"推求比较"，最后才断然宣告："我认的主义一定是不变了，并且很坚决地要为它宣传奔走。"这个决心一旦下定，便再也没有任何力量可以动摇或改变他。

投身革命以后，他始终保持着那颗"极盛"的"求真的心"。当他意识到自己肩头的责任越来越重时，就越发谦虚谨慎。用他的话说，就是时时刻刻都以"戒慎恐惧"的态度，兢兢业业，一丝不苟地按照实际情况办事，从不会有丝毫的马虎和懈怠。

周恩来总是强调：衡量一件事"是好是坏，要从客观存在出发，不能从主观想象出发"（《加强调查研究》）。他每处理一项新的工作，总是要首先通观全局，准确地估量形势，对周围情况特别是各种社会力量的状况做出系统的多层次的分析，时时注意情势的发展，找出问题症结所在，决定工作的方针。怎样才能正确地决定问题？他提出几条原则："首先，要估计环境及其变动，并找出此地此时的特点。次之，要依此与党的总任务联系起来，确定一时期的任务和方针。再次，要依此方针，规定当前适当的口号和策略。又次，然后据此定出合乎实际的计划和指示。这一切，必须经过最实际的调查研究，并使这些实际材料与党的原理原则联系起来。"他还要求"在斗争中审查理论原理和原则"（《怎样做一个好的领导者》）。这是他一贯的作风。

正因为如此，周恩来强烈反对那种只"从主观想象出发"，不顾"客观存在"的错误做法。1956年，他和陈云的反"冒进"是一个突出的例子。他在这年2月的国务院全体会议上就提醒说："现在有点急躁的苗头，这需要注意。社会主义积极性不可损害，但超过现实可能和没有根据的事，不要乱提，不要乱加快，否则就很危险。""我们要使条件成熟，做到'瓜熟蒂落，水到渠成'。""对群众的积极性不能泼冷水，但领导者的头脑发热了的，有冷水洗洗，可能会清醒些。"(《经济工作要实事求是》)这年9月，他在党的八大上更讲了一段语重心长的话："我国的国民经济正在迅速发展，情况的变化很快也很多，随时随地都有新的问题出现，许多问题又是错综复杂地联系着。因此，我们就必须经常地接近群众，深入实际，加强调查研究工作，掌握情况的变化，对有利的条件和不利的条件进行具体的分析，对顺利的方面和困难的方面都要有足够的估计，以便及时地做出决定，调节国民经济各部门和各方面的活动，避免发生互相脱节或者互相冲突的现象。在我们这样一个地区广阔、情况复杂并且经济上正在剧烈变革的国家里，任何疏忽大意，都可能发生重大的错误，造成重大的损失。因此，克服主观主义和官僚主义，对我们有着特殊重要的意义。"(《第一个五年计划的执行情况和第二个五年计划的基本任务》)周恩来这些话讲得何等中肯！

在我们党内不少干部中还长期存在一种恶习：遇事好走极端，甚至往往从一个极端一下又走向另一个极端。这自然是根本违反马克思主义的辩证法的。有如那位外国朋友所说：周恩来却从来不是那种极端主义者。不管周围那股风刮得多猛，他总能保持冷静的分析的头脑，用恰当的方法进行抵制。

周恩来能做到这一点，当然表现出他对辩证法的高度素养，而且也深深植根于他那"求真的心又极盛"。周恩来十分重视实际，而客观事物本身是复杂的、多侧面的、充满着内在矛盾的。任何人恐怕都难以做到对如此复杂的事物一眼都全部看清。那些极端主义的做法、简单化的做法，不管讲起来如何痛快，可以把问题任意提到吓人的高度，其实却是片面的，并不符合客观实际。

周恩来对这一点看得十分透彻。他说："事物总存在内在的矛盾，要分别主次；总有几个侧面，要进行解剖。各人所处的环境总有局限性，要从多方面观察问题；一个人的认识总是有限的，要多听不同的意见，这样才利于综合。事物总是发展的，有进步和落后，有一般和特殊，有真和假，要进行比较，才能看透。"（《加强调查研究》）既然一个人的认识总有局限，要看透一件事情是不容易的，因此，周恩来十分厌恶那种处处自以为是甚至傲慢的独断作风。他说："为了求真理，就要有争辩，就不能独断。什么叫独断？就是我说的话就对，人家说的话就不对，那还辩什么呢？

你的意见是神圣不可侵犯的，那谁还跟你辩？即使自己有很多对的意见，但是还要听人家的意见，把人家的好意见吸取过来，思想才能更发展，辩证法就讲矛盾的统一，只有通过争辩，才能发现更多的真理。所以，青年人要学习，就要多听各方面的意见，然后加以集中。"那么，一个人是否就不需要有自己的主见？自然不是。周恩来接着就指出："我们必须听各方面的意见，辨别是非，从青年的时候起，就培养这样的思考力。""一个人坐在房子里孤陋寡闻，这样不行，应该在千军万马中敢于与人家来往，说服教育人家，向人家学习，团结最广大的人们一道斗争，这样才算有勇气，这种人叫做有大勇。"（《团结广大人民群众一道前进》）大智才能有大勇。周恩来便是站在我们面前的这种有着大智大勇的人。

这里还想趁便谈到一个问题：由于周恩来常常迎着汹涌扑来的逆流，挺身而出，反对种种极端主义，有些人就指责他奉行中庸之道，"四人帮"甚至拿这一点攻击他是当代的"大儒"。应该怎样看待这个问题呢？

其实，即便是中国传统文化中的中庸之道，也不能说它没有包含若干合理的因素。毛泽东1939年2月在一封信中专门谈过中庸问题，认为它"是肯定质的安定性，为此质的安定性而作两条战线斗争，反对过与不及"（《致陈伯达》)。在另一封信中,他又写道:"'过犹不及'是两条战线斗争的方法,是重要思想方法之一。一切哲学,一切思想,一切日常生活,都要作两条战线斗争,去肯定事物与概念的相对安定的质。""'过'的即是'左'的东西,'不及'的即是右的东西。"尽管这种思想仍有显著的弱点,毛泽东还同意称它"是孔子的一大发现,一大功绩,是哲学的重要范畴,值得很好地解释一番"(《致张闻天》)。简单地把中庸之道等同于折中主义,大概是望文生义,并没有对中庸之道真正有什么研究,也不懂得它的真实含义,这同毛泽东对这个问题的看法大相径庭。

但又不能把周恩来的反对极端主义等同于中庸之道。周恩来是一个马克思主义的辩证唯物主义者。他反对"过"和"不及"的思想,比中国传统文化中的"中庸之道"要深刻得多,正确得多。他是从事物发展的观点中去把握"过"和"不及"的。他不是在任何时候都把"过"和"不及"放在等量齐观的地位去反对,总是要通观全局,根据当时当地的实际情况有所侧重,有着明显的倾向性。当客观条件不成熟时,硬要去做,那就是"过",他是坚决反对的;但事物是在不断发展变动的,一旦条件成熟,就必须当机立断,采取果断的行动,不这样做,那就是"不及",他同样是坚决反对的。毛泽东说:"孔子的中庸观念没有这种发展的思想，乃是排斥异端树立己说的意思为多。"(《致张闻天》)从这里，可以清楚地看出两者的不同之处。

周恩来的思想方法的内容太丰富了，需要进行认真而有系统的研究。这篇短文谈了一点个人的零星感受，目的无非只是想做一块引玉之砖。

时势造英雄，这是中国的一句老话。近代中国社会处在空前的历史大变动中，各种社会矛盾都以异常尖锐复杂的形式呈现出来。中国又是一个人口众多、幅员辽阔、国情极为复杂的文明古国。毛泽东、周恩来、刘少奇、朱德、邓小平、陈云等老一代无产阶级革命家，在半个多世纪的漫长岁月里，始终置身于斗争漩涡的中心，引导中国的革命和建设取得巨大的成功。这样的时代锻炼并造就了这样一批光彩夺目的杰出历史人物。他们留给我们的精神财富那样丰裕。我们这些后辈的中国共产党人都是在他们的哺养下长大起来的。可是应该承认，对他们思想的研究和学习至今还远远不够。如果我们能从这座巨大的思想宝库中多汲取一点思想和力量，无疑将会使我们在从事社会主义现代化建设事业中做得更好一点。

周恩来和五十年代的中国外交[1]

周恩来是 20 世纪国际舞台上最有影响的外交家之一，这大概是举世所公认的。1976 年周恩来逝世后，联合国大厦前降了半旗，安全理事会主席建议全体与会成员起立为他默哀，便是很好的说明。

周恩来从 1949 年中华人民共和国成立时起，就担任政府总理兼外交部部长，历时九年。1958 年后，他虽然不再兼任外长，但仍主管中国的外交工作，直到逝世，前后长达 26 年。他在这方面的工作还有一个通常很少见的特点：既是决策者，又是指挥者，又是实行者，集三者于一体。如果拿拍摄电影来做比喻，他既是编剧，又是导演，又是主演，同时扮演着多种角色。正因为如此，在今天这样不长的时间内，想谈周恩来和中国外交这样庞大而复杂的内容，显然是困难的。现在用了"周恩来和五十年代的中国

---

[1] 本文系作者于 1998 年 4 月在日本东京大学所做的演讲。

外交"这个题目,更确切地说,只是想谈谈他兼任外交部部长这九年间的工作,也就是他和新中国成立初期的外交工作。即使这样,也只能做一点简单的介绍。

一、新中国外交格局的初步形成

中华人民共和国虽然在1949年10月1日胜利地诞生了,但它当时面对的局势依然是严峻的。拿国际关系来说,以美国为首的许多西方国家对新中国仍抱着敌视的态度;苏联那时对中国共产党还不放心,生怕它变成"第二个铁托";周边的众多亚洲民族主义国家对新中国缺乏了解,多少存有疑虑,或采取观望的态度。在外交工作上如果处理不当,或者会陷于孤立,或者会重新沦为其他国家的附庸。不管出现其中哪一种情况,后果都是极端危险的。

周恩来是一个具有世界眼光的政治家。早在新中国成立前夜,他就明确地提出:必须奉行独立自主的外交政策。

把"独立自主"的问题放在如此突出的地位,绝不是偶然的。看一看历史就明白了:中华民族一百多年来抛头颅、洒热血,前仆后继地进行的民族民主革命,一个主要目的就是要永远结束以往那种任人欺凌奴役的极端屈辱的境遇,把国家的命运牢牢地掌握在自己手里。因此,对刚刚在世界面前挺身站立起来的中国人说来，格外珍惜、并且会不惜任何代价地去捍卫自己得来不易的民族独立。这是人们很容易理解的。

1949年1月8日，周恩来在中共中央政治局会议上谈到未来新中国的外交工作时说：在这方面，整个观念要有个改变。中国人一百年来受帝国主义压迫，现在站起来了。急于要这个承认、那个承认，那是旧观念。要有些气概，才能把这个关系摆好。他说：国民党时期的外交关系，以不承认为好。外贸关系一件件做，不受束缚。总之，有利的先解决，不成熟的过一下解决。同月19日，中共中央发出周恩来起草的《中央关于外交工作的指示》，指出："我们采取这种态度，可使我们在外交上立于主动地位，不受过去任何屈辱的外交传统所束缚。在原则上，帝国主义在华的特权必须取消，中华民族的独立解放必须实现，这种立场是坚定不移的。但是在执行步骤上，则应按问题的性质及情况，分别处理。"周恩来对身边工作人员说：如果我们急于要求这些国家承认，就会陷于被动。他们若要同我们建立外交关系，就要按平等原则进行谈判。他又说：谈判建交在国际上并无先例，这是根据我国具体情况取得的一项创举。

在当时的对外关系中，最重要的是如何对待美国和苏联。

美国政府在第二次世界大战结束后,从多方面支持国民党政府发动全面内战。这时,世界范围内冷战局面已经形成,他们又把即将诞生的新中国视为苏联的附庸,抱着敌视的态度。但是,当中国人民解放军在4月下旬横渡长江、解放南京时,美国的原驻华大使司徒雷登却没有随国民党政府迁往广州,而留在南京,显然还想继续进行观察和试探。

周恩来立刻注意到这个情况。司徒雷登是燕京大学的创办人,过去几十年内长期担任这所大学的校务长。周恩来就特地选派原燕京大学学生、又有丰富工作经验的黄华到南京担任军管会外事处长。5月7日,司徒雷登派秘书傅泾波(中国人,黄华的同学)去见黄华,表示甚盼同黄华见面。五六月间,黄华同司徒雷登、傅泾波曾多次会面。6月8日,司徒雷登致电美国国务卿艾奇逊说:"我们第一次会面时,黄已提出外交关系问题。""他引用了毛的《新民主主义论》,大意是说中共愿在平等、互利、互相尊重领土与主权完整的条件下,承认任何国家。"同一天,傅泾波告诉黄华:司徒雷登接到美国副国务卿魏伯来电,希望他能赴北平同周恩来会见一次,顺便看看燕京大学。周恩来立刻做出反应。16日,由燕京大学校长陆志韦给司徒雷登写了一封英文信。信中说，他已会见周恩来，并说司徒雷登要求来北平，希望获得当局同意。30日，司徒雷登又致电艾奇逊说："6月28日，黄华按约定的时间拜访了我。他说他接到的毛泽东和周恩来的口信说，如果我希望访问燕京大学，他们会欢迎我到北平的。""我只能把黄华带来的口信看做是毛和周表面上邀请我访问燕京大学，实际上是与他们会谈。""我的清晰印象是，不管他们的动机如何，毛、周和黄都十分希望我成行。当然，我没向黄答复毛的口信，只是应付说，虽然我乐于返回燕京大学，但今年看来却不行了。"而艾奇逊给司徒雷登的指示更是："在任何情况下都不得访问北平。"8月2日，司徒雷登离开南京返回美国。这样，毛泽东、周恩来寻求同美国直接接触的愿望就无法实现了。

不仅如此，当时的美国政府还从多方面显示对新中国的敌意。在建立外交关系问题上，艾奇逊在5月13日就指示司徒雷登，要他向英国等驻华大使表明："给共产党政权以事实上的承认，将从政治上鼓励共产党、打击国民党。""我们强烈反对任何大国匆匆忙忙给予中共以无论事实上还是法律上的承认。"在经济往来上，美国对新中国实行严格贸易限制：一切军事装备和直接用于军事的物资和装备，都在禁运之列；一切出口都要由商业部颁发许可证，以便根据战略考虑来决定批准与否。6月下旬,国民党海军对北起辽河口、南至闽江口的大陆沿海港口实行封锁。美国政府也命令不对驶向这些港口的美国商船护航。这实际上是对新中国实行全面的经济封锁。

正是在这个时刻,7月1日,毛泽东在《论人民民主专政》的文章中明确提出了"一边倒"的主张:"积四十年和二十八年的经验,中国人不是倒向帝国主义一边,就是倒向社会主义一边,绝无例外。""我们在国际上是属于以苏联为首的反帝国主义战线一方面的,真正的友谊的援助只能向这一方面去找,而不能向帝国主义战线一方面去找。"在这个时候做这样的声明,不只是出自意识形态和社会制度方面的考虑,也因为在当时美国对华继续敌视、苏联对新中国还不很放心的情况下,如果不表示这样鲜明的态度,就只能使刚要诞生的中华人民共和国在国际社会上处于严重孤立的境地。

中华人民共和国成立的第二天,10月2日,苏联便致电周恩来,决定同新中国建立外交关系。3日,周恩来复电苏联,表示欢迎两国建立外交关系并互派大使。接着,保加利亚、罗马尼亚、朝鲜、匈牙利、捷克斯洛伐克、波兰、蒙古、德意志民主共和国等人民民主国家,在10月底前相继同中国建立了外交关系。随后,同阿尔巴尼亚、越南又正式建交。这就冲破了某些西方国家打算在国际社会中孤立新中国的企图。

"一边倒"当然不是放弃民族独立,一切听从他人,去当别的国家的附庸。11月8日,周恩来在外交部成立大会上说:"外交工作有两方面,一面是联合,一面是斗争,我们同兄弟之邦并不是没有差别。换言之,对兄弟国家战略上是要联合,但战术上不能没有批评。"他又说:"就兄弟国家来说,我们是联合的,战略是一致的,大家都要走社会主义的道路。但国与国之间在政治上不能没有差别,在民族、宗教、语言、风俗习惯上是有所不同的,所以,要是认为同这些国家之间毫无问题,那就是盲目的乐观。"

这年12月6日,毛泽东率领随行人员前往苏联。他此行的目的,不只是为了祝贺斯大林的70寿辰,更重要的,是要废除苏联在1945年同国民党政府签订的、严重损害中国权益的《中苏友好同盟条约》,另订新约。毛泽东同斯大林第一次见面时就提出这个问题,却遭到斯大林的拒绝。他表示:1945年那个条约是根据雅尔塔协定签署的,可以说是得到了美国和英国的同意。苏联的千岛群岛、南库页岛等问题也是在雅尔塔达成协议的。因为雅尔塔协定的缘故,目前不宜改变原有中苏条约的合法性,否则会给美国和英国关于要修改千岛群岛和南库页岛问题带来法律依据。

在表面上要保持条约的原有条款，而寻找一种有效地改变原有条约的办法。中苏双方因意见不合而僵持了半个月。到1950年初，斯大林才同意周恩来前往莫斯科，另行签订新约。

1月10日，周恩来率领中华人民共和国政府代表团离开北京，前往苏联。在毛泽东、周恩来等同斯大林等一起会谈后，从第二天起，具体商谈便由周恩来、李富春、王稼祥同苏方的米高扬等进行。作为会谈最重要成果的《中苏友好同盟互助条约》和《关于中国长春铁路、旅顺口及大连的协定》，都由周恩来执笔起草。中苏共同经营中长铁路和苏联驻军旅顺口的期限都从旧约的三十年缩短为不超过三年。大连为苏联代管或租用的产业，规定由中国政府接收。2月14日，中苏新约和有关协定由周恩来和苏联外交部部长维辛斯基代表各自政府在文件上签字。很清楚，在这次中苏谈判中，毛泽东、周恩来同样也体现了独立自主的精神。

按照一般国际惯例，只要两国政府互致承认电文，就是建立外交关系的开始。新中国成立时面对着一个特殊的情况，那就是国民党集团在美国政府支持下，还盘踞着台湾和霸占联合国内的席位。因此，确定同外国正式建交有三条原则：第一，凡愿和中国建交的国家，必须同盘踞在台湾的国民党集团断绝外交关系；第二，对新中国采取友好态度，支持恢复在联合国的合法席位；第三，通过谈判证实它尊重中国主权的诚意。

根据这三条原则，通过谈判，又同六个国家先后建立了正式外交关系。它们中间有两类状况：一类是亚洲新独立的民族主义国家印度、印度尼西亚、缅甸；另一类是北欧和中欧主张和平中立的国家瑞典、丹麦、瑞士。此后不久，同北欧的芬兰、南亚的巴基斯坦正式建交。

英国和荷兰，也在1950年初先后致电周恩来，愿意同中国建立外交关系。中国政府复电表示愿意同他们建交，要求他们派代表来北京谈判。可是，因为英、荷两国在联合国对中国代表权的问题一直不肯支持中国，还有其他一些问题，正式建交迟迟不能达成协议。直到1954年，双方才同意互换代办，被称为"半外交关系"。

这样，在新中国成立后的头一年内，同十六个国家建立正式外交关系，包括六个不同社会制度的国家。新中国最初阶段的外交格局初步形成。这一切，有力地捍卫了国家的独立、安全、主权和尊严，把旧中国的屈辱外交一扫而光，使新生的人民共和国一开始就以独立自主、热爱和平而不畏强权的风貌出现在世界的东方。

二、用和平协商的方法来解决国际争端

1953年，对中国来说，发生了两件大事：一件是开始实行发展国民经济的第一个五年计划，展开大规模经济建设，这就更加迫切地需要有一个和平安全的国际环境；另一件是在朝鲜实现停战，结束了长达三年的朝鲜战争，使缓和远东和国际的紧张局势有了可能，使中华人民共和国的国际地位得到很大提高。

如何进一步缓和国际紧张局势，便成为突出的课题，提到新中国和周恩来的面前。

这时，已经持续八年之久的国际紧张局势也出现某些缓和迹象。1954年1月，美、苏、英、法四国外长会议在柏林举行，决定4月间在瑞士日内瓦举行讨论朝鲜问题和印度支那问题的国际会议。美、苏、法、英、中五国参加会议的全过程，同讨论的问题有关的其他国家分别参加有关部分的讨论。这次会议所要解决的，就是以协商的方法来解决在远东的重大国际纠纷。

这是新中国成立以来第一次以大国身份参加的重要国际会议。周恩来为此做了认真的准备。二三月间，他起草了《关于日内瓦会议的估计及其准备工作的初步意见》，提出："在日内瓦会议上，即使美国使用一切力量来破坏各种

有利于和平事业的协议的达成,我们仍应尽一切努力,务期达成某些可以获得一致意见和解决办法的协议,甚至是临时性的或个别性的协议,以利于打开经过大国协商解决国际争论的道路。"

建国初期,新中国在境外面对着朝鲜半岛和印度支那这两个方向的战争威胁。朝鲜半岛的停战已经实现,实现朝鲜和平统一的条件一时尚不成熟。参加日内瓦会议的英国外交大臣艾登说:"朝鲜那个地方没有关系,我不感兴趣,反正打不起来,问题在印度支那。"因此,周恩来清醒地估计到:日内瓦会议将不会在朝鲜问题上取得突破的成果。但是不管怎样,朝鲜这是一个僵局。要再打起来是不容易的。印度支那的情况就不同了。经过越南民主共和国持续将近九年的抗法战争,法国远征军已遭受沉重打击,国力也难以支持,法国国内要求停止战争的呼声日益高涨,但仍有一部分强硬势力坚持主战。周恩来预料:争取在印度支那实现停战是可能的,但这还需要经过复杂的斗争才能做到。

4月20日,周恩来率领中国代表团前往瑞士参加日内瓦会议。会议的发展正如他所预料的那样:朝鲜问题经过历时51天的讨论,最终在美国的阻挠下,没有达成任何协议而结束。而在印度支那战场上,5月7日,越南人民军在奠边府歼灭法国远征军和它扶植的保大政府的军队共一万六千多人，使印度支那战局顿时为之改观，促进了实现停战的可能性。但印度支那局势是复杂的，如果处理稍有不慎，仍可能使会谈陷于僵局或遭受失败。

周恩来抓住了两个关键问题，取得了突破性的成功。

第一个重大突破，是在柬埔寨和老挝问题上。最初，越、中、苏主张印度支那问题要通盘解决，不能把三国的问题分开来处理。周恩来经过认真调查后，在5月30日致电中共中央说："印度支那三个成员国的民族和国家的界限是非常显明而严格的。这种界限在法国建立印度支那的殖民统治以前就已经存在，而且在三国人民当中也是如此看待的，过去我们在国内没有看得这样严重。""这次在日内瓦会议的接触中，我们才懂得问题不是那样简单，必须严格地以三个国家来对待。"他请中共中央对他所提意见是否妥当在考虑后决定，如认为对，请电商越南劳动党中央。6月4日，越南劳动党中央复电中共中央，同意周恩来的意见。13日，中、越、苏三方代表商谈后决定：关于柬埔寨、老挝问题的建议由中国提出，采取同越南不同的办法。16日，周恩来在会议上发言说："印度支那三个国家的情况是不完全相同的，因而在解决问题时应该考虑各国的具体情况，同时三国的问题也不能截然分开。"同一天，他会见会议两主席之一的英国外交大臣艾登，向他表示：我们愿意看到老、柬成为像印度支那那样的东南亚型的国家，我们愿意同它们和平共处。

本来，日内瓦会议气氛已相当紧张，美、英已准备在18日离开日内瓦，中断会议。16日的建议提出后，法国积极活动，反对中断会议，这才扭转了局势。19日，在限制性会议共同达成《关于柬埔寨和老挝停止敌对行动的协议》。

第二个重大突破，是在越南停战的方案上。6月17日，法国内阁变动，主张和平解决印度支那问题的孟戴斯·弗朗斯组成新内阁，取代原为主战派、后又采取拖延政策的拉尼埃内阁。23日，周恩来利用会议暂时休会的机会，约孟戴斯·弗朗斯在瑞士的伯尔尼会面。周恩来一见面就直截了当地问他：你对印度支那停战到底是怎么个方案？孟戴斯·弗朗斯也直率地表示："双方军队应有两个大集结区，这就是说，从东到西划一条线，形成两部分集结区。"7月3日至5日，周恩来回到广西柳州同胡志明主席举行了八次会谈，胡志明也主张不用就地停战而用分界集结的办法。

尽管如此，日内瓦会议复会后，双方依然存在争执的关键是越南停战的划界问题，越、中、苏主张在北纬16°，法国坚持在北纬18°。在北纬16°以北有一条九号公路。7月17日，周恩来去见孟戴斯·弗朗斯。他在当天给中央的电报中写道："孟着重说越盟不应该要九号公路，因九号公路是老挝向东方的出口，不能让越南控制老挝的生命线。

我说越南民主共和国对九号公路没有什么特殊的利益，也许主要是这条公路在16度以北的原故。至于老挝的出口问题这倒是值得注意。孟接着就问：范文同先生是否可以同意划这条公路？他说，果然如此的话，他们也愿在其他方面让步。"19日，越、中、苏三方代表商定共同的最后方案，包括："分界线通过第九号公路以北约十公里，照顾到地形。"这个方案提出后，谈判局势峰回路转。第二天，双方共同取得七项协议。21日，交战双方司令部分别在越南、老挝和柬埔寨三个《停止敌对行动协定》上签字。当天下午，会议通过关于恢复印度支那和平问题的《日内瓦会议最后宣言》。历时近三个月、受到举世瞩目的日内瓦会议，终于在取得重大成果的情况下闭幕了。这些成果是得来不易的。

会议期间，中英关系也得到明显的改善。这是新中国同西方国家关系上的重大进展。

会议结束后，周恩来在中央人民政府委员会上做报告，对这次会议的成就做了这样的概括："日内瓦会议的成就证明，国际争端是可以用和平协商的方法求得解决。"

三、团结亚非国家，打开外交新局面

新中国成立初期，毛泽东提出："打扫干净屋子再请客。"周恩来向中共中央扩大会议报告日内瓦会议情况时，根据他亲身观察到的国际关系格局的变化，提出一个重要问题："原想再关一年的门，现在看来是关不了的！"毛泽东说："关门关不住，不能关，而且必须走出去。"

为了在外交工作中打开一个新的局面，周恩来把重点放在发展同亚非国家的友好合作和睦邻关系。这不仅因为中国是一个亚洲国家，需要首先同近邻建立起和睦的关系，保证有一个和平安全的周边环境；更重要的是，中国人民同亚非各国人民有过共同的遭遇和经历，都刚从帝国主义的长期压迫下解放出来，在许多方面有着共同的利益和愿望，这是国际社会中一支正在崛起的新兴力量，是维护世界和平的重要保证。

中国和这些国家有着不同的社会制度，应该怎样相处？1953年12月，周恩来会见参加中国西藏地方和印度之间关系问题谈判的印度政府代表时，第一次提出著名的和平共处五项原则：互相尊重领土主权，互不侵犯，互不干涉内政，平等互惠，和平共处。日内瓦会议期间，周恩来访问印度和缅甸，又先后同两国总理倡议：这五项原则不仅在亚洲，而且在全世界都适用。

1954年12月，印度尼西亚、缅甸、锡兰（今斯里兰卡）、印度、巴基斯坦五国总理发起召开亚非会议，并邀请中国参加。1955年4月4日,周恩来向中共中央政治局提出《参加亚非会议的方案(草案)》,写道:"亚非会议是没有帝国主义国家参加,而由亚非地区绝大多数国家所举行的国际会议。""我们在亚非会议中总的方针应该是争取扩大世界和平统一战线,促进民族独立运动,并为建立和加强我国同若干亚非国家的事务和外交关系创造条件。"

可是,中国在会上所面对的情况依然是复杂的。参加会议的29个国家中,有22个国家没有同新中国建交,甚至不曾有过往来,有些倒是同国民党集团还保持着外交关系。各国的社会制度、处境和政治观点有很大的区别。他们中不少国家对新中国缺乏了解,心存疑惧,有的还受美国政府影响而抱着敌视的态度。由于各国相互间存在的分歧和某些外来势力的挑拨,会议很容易陷于无休止的争论,以至归于失败。

4月18日,亚非会议在印度尼西亚的万隆开幕。周恩来担任中国代表团的首席代表。第一天发言时,多数代表指出会议应当有助于促进世界和平,有助于消灭殖民主义,但也有个别代表提出"要认真对待共产主义危险的严重性",使会议的空气陡然紧张起来。第二天上午,按国名的英文字母顺序,应该由中国发言。周恩来却放弃这次机会,依然耐心地坐在那里听着各国代表的发言。在随后的发言中,又出现第一天那样的情况，甚至还有人直接点了中国的名。他们讲完后，主席宣布中华人民共和国的代表发言。周恩来临时决定把原来准备好的发言稿改作书面发言散发，另外作一个补充发言。

周恩来在发言中一开始就说："中国代表团是来求团结而不是来吵架的。"他又说："中国代表团是来求同而不是来立异的。在我们中间有无求同的基础呢？有的。那就是亚非绝大多数国家和人民自近代以来都曾经受过并且现在仍在受着殖民主义所造成的灾难和痛苦。这是我们大家都承认的。"他接着说：本来中国可以在这里提出台湾地区紧张局势问题、恢复中国在联合国的合法地位问题等，"但是，我们并没有这样做。因为这样一来，就很容易使我们的会议陷入这些问题的争论而得不到解决。""我们的会议应该求同而存异。同时，会议应将这些共同愿望和要求肯定下来。这是我们中间的重要问题"。他对会议提出的几个问题，一一说明了中国政府的立场和政策，并且说："大家如果不信，可亲身或派人到中国去看。我们是容许不知真相的人怀疑的。中国俗话说：'百闻不如一见。'我们欢迎所有到会的各国代表到中国去参观，你们什么时候去都可以。我们没有竹幕，倒是别人要在我们之间施放烟幕。"周恩来的讲话，博得全场长时间的热烈掌声，对会议产生巨大的影响。

会议并不是从此就一帆风顺了。但周恩来一一做了慎重而恰当的处理，总是能化险为夷。4月24日，会议一致通过了包括关于促进世界和平和合作的十点宣言的《最后公报》，成功地闭幕了。

周恩来在会议期间的外交活动，并不只停留在会议上。他利用一切机会，同到会的各国代表接触，主动拜访了除越南政府以外的各国代表团，像同纳赛尔、西哈努克等都是在这次会议上结识的。日本代表团团长高碕达之助是鸠山内阁的经济企划厅长官。会议期间，周恩来同他会见，双方谈到今后要积极发展中日关系。七年后，在池田内阁支持下，高碕带领不少企业家应邀访问中国，经过协议，达成了廖承志、高碕达之助备忘录贸易协议，形成了半官方的贸易交往，这是中日关系上一个重要突破。

当时，一部分亚非国家对新中国存在的疑虑，主要集中在三个问题：第一，中国有许多海外侨民；第二，边界争端；第三，害怕国际共产主义运动通过本地的共产党来活动。周恩来在这三方面都做了大量的工作。

海外侨民问题：华侨中，在历史上遗留下来一个双重国籍问题，常使一些东南亚国家感到不安。就印度尼西亚来说，当时有华侨270万人，其中有2/3是在印尼出生的。中国的国籍法传统上以血统为准，而印尼却以出生地为准，这就造成了双重国籍。亚非会议期间，周恩来和印尼外长在万隆签订两国关于双重国籍问题的条约。条约规定：同时具有两国国籍的人都应根据本人自愿原则在两国中选择一种国籍；双方同意勉励本国侨民尊重侨居国政府的法律和社会习惯；双方愿意各自依照本国法律互相保护对方侨民的正当权益。这以后，又陆续解决了在其他一些国家的双重国籍问题。

边界问题：周恩来在亚非会议前就对缅甸总理吴努说过："中国的地方已经很大，人口已经很多，我们立国的政策就是把自己的国家搞好，我们没有任何领土野心。"但历史上遗留下不少未定界，在有些地区甚至导致武装冲突，这确是相当令人棘手的问题。周恩来说过："如果使所有这些问题都严重化，那就会天天吵架，我们就没有精力进行建设了。"亚非会议后，周恩来亲自研究中缅边界中那些极端复杂的遗留问题，以便取得经验，作为示范。他对两国边界遗留问题的历史和现状进行了深入细致的调查研究，广泛听取各方面的意见，本着和平共处、友好合作、平等互利、互谅互让的精神，同对方进行反复协商，求得对问题公平合理的解决，终于成功地达成了双方都能满意的共识，确定了两国的边界。以后，又同巴基斯坦、蒙古、阿富汗等国签订了边界协定和条约。在中、尼存在分歧的珠穆朗玛峰的归属问题上,周恩来提出把珠峰划在边界线以照顾双方的民族感情,使问题得到顺利解决。

各国共产党的问题:周恩来对有的邻国领导人明确表示:"革命是不能输出的。如果人民赞成一种制度,反对也是无效的。如果人民不赞成一种制度,勉强强加是一定要失败的。"

从亚非会议结束到1959年底,同中国先后建交的有尼泊尔、埃及、叙利亚、阿拉伯也门共和国、斯里兰卡、柬埔寨、伊拉克、摩洛哥、阿尔及利亚、苏丹、几内亚共11个国家,它们全部都是亚非国家。亚非会议为新中国的外交活动进一步打开了新的天地。

四、结语

从对周恩来和50年代中国外交的回顾中,可以看出,周恩来在外交工作中所坚持的基本原则至少有这样几点:

第一,坚持中华民族的独立自主。他在外交部成立大会上强调指出:"清朝的西太后,北洋政府的袁世凯,国民党的蒋介石,哪一个不是跪倒在地上办外交呢?中国一百年来的外交史是一部屈辱的外交史。我们不学他们。我们不要被动、怯懦,而要认清帝国主义的本质,要有独立的精神，要争取主动，没有畏惧，要有信心。"在他看来，维护得来不易的民族独立，政治自主而不允许任何外来干涉，经济上自主而不依赖外援，这是我们决定外交政策、处理外交问题的出发点，也是区别于旧中国屈辱外交的根本所在。在这个原则问题上是决不能让步的。他还指出，独立自主的关键"在于不要置身于一个国家的影响之下，以致成为一国的工具"。因此，他在一切外交场合，都能旗帜鲜明地维护中华民族的根本利益，响亮地发出新中国自己的声音，而不屈从于任何外来的压力。

第二，把维护世界和平作为新中国外交的首要目标。这正是中华民族根本利益所要求的，也是作为一个大国对世界事务采取的负责任的态度。他说过：为了改变中国贫穷落后的面貌，还需要几十年的长期努力，因此，"我们需要和平"，"时间越长对人民越有利"，"这就决定了我们在国际事务中的一切活动只能是为和平的目的，而不能是其他的任何方针"。

第三，提出和平共处五项原则，作为建立新型国家关系和国际新秩序的准则。这是周恩来对当代国际关系的重大贡献。在他看来，国家和国家之间应该建立平等的权利，它们的主权和领土完整都应该得到尊重，而不应该受到侵犯；对于任何一个国家主权和领土的侵犯和内政的干涉，都会危及和平；如果各国保证互不侵犯，互不干涉内政，就可以在各国的关系中创造和平共处的条件，各国人民就有可能按照他们自己的意志选择他们的政治制度和生活方式。这些主张，反映出当代国际社会中不可抗拒的历史潮流，而同那些强权政治和霸权主义形成鲜明的对照。

第四，提倡求同存异，作为处理国际关系中各种矛盾的指导方针和基本方法。他说："世界各国政治制度、意识形态各有不同，很难一致起来"，为了在地球上一起生存，就"应该撇开不同的思想意识、不同的国家制度"去"找共同点"。在重大外交问题上，主张什么，反对什么，态度十分鲜明，从不使人引起误解；但又总是努力以理服人，而不强加于人。对方一时接受不了，可以耐心等待。在谈判中，相见以诚，能够设身处地体谅对方的困难，使问题尽可能得到合情合理的解决。日内瓦会议结束后，他向身边一些人很有感慨地说：会议本来可以不必花这么多的时间的，相持不下，问题在于美、苏两国的外交部部长的思想僵化。一切都用一个"不"字来对付，那就没有会谈和对话的必要了。

第五，重视国际经济关系。他说："自力更生建设独立经济并不排除和拒绝平等贸易、互通有无、技术进口、相互援助。"他主张，我们应该学习一切国家的长处和优点，包括资本主义生产上好的技术、好的管理方法。日内瓦会议本来是讨论政治和军事问题的会议,周恩来却把对外贸易部副部长雷任民列为代表团顾问。会议期间,英国工业联合会就向他邀请中国贸易代表团访英,并在英国建立一个常设的商务机构。这就打破了美国的经济封锁,打开了西方世界的大门。1956年,周恩来在知识分子问题会议上又说道:"世界科学在最近二三十年中,有了特别巨大和迅速的进步,这些进步把我们抛在科学发展的后面很远。现代科学技术正在一日千里地突飞猛进。""我们必须急起直追,力求尽可能地扩大和提高我国的科学文化力量,而在不太长的时间里赶上世界先进水平。"

周恩来坚持的这些基本原则,对中华人民共和国的外交工作产生了巨大而深远的影响。因此,钱其琛做了这样的评价:"周恩来同志为新中国外交的创始人、奠基者,他是当之无愧的。"

刘少奇是善于独立思考的战略家和理论家[1]

对刘少奇同志的研究工作，是在1980年以后才开展起来的。它的原因大家都很清楚。因为在"文化大革命"以前，少奇同志从来不愿意宣传他自己。60年代初，中央要出版《刘少奇选集》，最初少奇同志不同意。后来中央做出了决定，他才接受。可是当编辑工作开始后，工作人员把一篇篇重要文章送给他审阅时，很多都被他压下。他说，今天的工作这样忙，哪有那么多时间去看过去的东西？昨天，我去拜望王光美同志时，光美同志讲到，她跟少奇同志结婚以后，有时想问一点少奇同志过去的事情。少奇同志说：不能靠过去来了解我，你还是从我以后怎样工作来了解我。这个意思是很清楚的，就是说，以前为党做出的贡献，都已经过去了，你应该看的是我以后怎样做。由于少奇同志

---

[1] 本文系作者在刘少奇研究述评学术讨论会开幕式上的讲话，发表于《党的文献》1997年第6期。原题为《善于独立思考的战略家和理论家——刘少奇》。

对宣传自己从来不支持,虽然在"文化大革命"前大家都学习了《论共产党员的修养》等著作,但是对少奇同志的系统研究不可能开展起来。至于"文化大革命"中间的情况,不用多说,讲起来大家都是很痛心的。那个时候,把极端的污蔑、恶毒的攻击和一切脏水都泼在少奇同志身上。等到把这种错误纠正过来,已经是1980年了。然而,令人高兴的是,1980年以后,大量的研究工作在条件也许还不非常优越的情况下开展起来了,取得了初步的成绩。

对少奇同志一生的功绩,不必在这里多说,因为在座的都是从事这方面研究工作的。我只想简要地说一下他最有特色的地方。

少奇同志是在中国共产党成立的1921年入党的,是我们党最早的党员之一。他是中国工人运动的早期领导人之一,从领导安源路矿工人罢工,领导中华全国总工会,在赤色职工国际工作,直到领导苏区工会工作,这方面的事迹都是大家所熟悉的。红军长征到达陕北以后,少奇接连在关键时刻到关键性的地点,独当一面,担负起党的重大战略任务,并且总是能够在非常复杂困难的情况下,细心地分析情况,大刀阔斧地打开局面,做出对党和人民事业的发展具有战略意义的贡献。在他1942年底从华中回到延安到1966年遭受不公正对待以前,他连续24年一直处于党中央的领导核心地位，而且当毛主席不在的时候，总是指定他代理中央主席的工作。建国以后，少奇同志不仅担任了国家主席，而且在党中央领导工作分成一线二线以后，由他主持一线工作，很多党的重大路线、方针、政策是通过他所做的重要报告来宣布的。这些贡献，在中国共产党的历史上占着异常突出的地位。

我一直在想一个问题，就是中国共产党的老一代革命家可以说是群星灿烂，方方面面都有那么多杰出人物，而少奇同志不仅仅是这些灿烂群星中间普通的一颗，应该说他是一颗巨星。为什么说他是一颗巨星？他和我们党许许多多优秀的领导人相比，有哪些特别使人难忘、别人未必都具备的特点呢？据我肤浅的理解，至少有这样三点：

第一，少奇同志是一个战略家。他具有能够总揽全国大局的战略眼光和在关键时刻果断地做出重大战略决策的领导能力。这方面的事例很多。比如，抗战胜利后毛主席到重庆谈判期间少奇同志主持制定的"向北发展、向南防御"的战略方针，在东北"让开大路、占领两厢"的战略部署，和组织十万大军挺进东北，实现了党中央关于发展东北的战略。这样的大手笔，只有伟大的战略家才能不失时机地做出来（当然，他也是同在重庆的毛主席等商定的）。再如，领导土地改革，推翻几千年来的封建地主阶级土地所有制，这自然也不仅仅是少奇同志一个人的功劳，而是整个党的功劳。但是大规模的土地改革在全国范围内展开，少奇同志是重要的决策者。从《五四指示》到《中国土地法大纲》，以至建国后的新区土地改革，少奇都起了主要的或重大的作用。对这些，大家都是很清楚的。由此想到现在有人说，共产党只反帝而不反封建，这实在是笑话。如果说，在中国今天还存在着封建主义的残余，那是事实；那么，中国共产党领导全国人民推翻了封建主义的根基——封建地主阶级土地所有制，难道不是事实吗？那些即使说过一点反封建的话，却对封建主义的根基丝毫没有去触动过的人，倒是可以说他们只是讲了些空话。再如，在国民经济调整时期，党领导扭转经济困难局面时，少奇同志是在第一线主持工作的。从七千人大会到"西楼会议"，一直到后来的一系列决策，最后下决心要"退够"，是由少奇同志主持的。"退够"了，整个局面就根本扭转了，就有了到1965年那一段相当好的经济局面。这不只是一般的经济工作，而是要能总揽全国大局，要有战略眼光，能做出战略决策，才能胜任。所以说，他是一个战略家。

第二，少奇同志是一个理论家。中国共产党内要讲到理论家，在老一代里除了毛泽东以外，大家就会想到刘少奇。这里有一个问题，就是什么叫理论家？为什大家称少奇同志是党内杰出的理论家？可以这样说，在党的高层领导人中，每位同志都是努力把马克思列宁主义的普遍原理和中国革命的实际甚至与某一个部门、某一个地区的实际相结合，会在这一方面或那一方面有所创造，有所发展。换句话说，中国共产党老一辈领导人都有理论联系实际这个特点，但是少奇同志为什么在理论方面的成就使人感觉那么突出，认为他善于把问题提到理论的高度？我们应该怎样认识少奇同志的这个特点，下面谈谈我个人的认识。

少奇同志不是那种书斋里的学者，不是坐在屋里靠冥思苦想来谈理论问题的。他总是针对当前最迫切需要解决的问题来谈自己的意见的，但他谈这些问题时通常不是停留在就事论事地谈某一件事情层面上，而是会从个别中间看出一般，从一件件具体事情里面总结出一些可以用来指导处理许多其他类似问题的带规律性的认识，就像中国的老话所说的可以"举一反三"。举例说，1942年底少奇同志回到延安以后，做过一个《六年华北华中工作经验的报告》，全文共分三部分，《刘少奇选集》里只选了第二和第三部分，这两部分讲到了华北、华中的形势，总结了经验。照理说，是很有理论高度的。但他不满足于这样讲，他在这两部分之前，还加了一个第一部分——绪论。这个绪论里有四点，其中第二点是讲卢沟桥事变以后中国的新形势、党的新任务与革命斗争的新形式；第三点是讲党应该采取哪种形式的抗日武装斗争和哪里是党的主要工作地区；第四点是讲党在抗日民族统一战线问题中行动路线的决定。说到这里，大家已经可以看到他不仅仅是停留在介绍华北、华中的工作，而是在做出概括，探讨一些具有普遍指导意义的问题，理论色彩似乎已经够浓了。然而少奇同志还不满足于这样，他在这三点以前，又写了一大段话，来讲历史发展的曲折性。他是这样说的："人类社会的历史在客观上总是循着曲折的道路前进的。这是由于历史是在社会矛盾之斗争中发展的这种情形所决定的。虽然人们在主观上常常想推动历史依照客观上可能的直线道路前进，然而客观的历史行程总还是走着弯曲的道路。""有一种时候，历史是走得很快的，是飞跃的前进，在几星期或几个月之内，就能走过平常时期几年几十年的路程；但在另外一种时候，历史又是走得很慢的，甚至使人们感觉不到历史是在前进，或者似乎还是在后退。""因此，我们——蓄意要推动历史前进的人们，革命的指导者，就要把握历史发展的这种规律性，必须使自己的工作，使革命阶级的行动路线、斗争形式、组织形式等，适应这种规律性。就是说，当着历史走得很快的时候，当着运动的来潮与革命的高涨之时期,我们就应放胆地鼓励群众朝着一定的目标大踏步地前进,就应善于根据群众的觉悟程度提出前进的革命的口号,采取大刀阔斧的工作方式、斗争方式、组织方式,去爽快解决在革命过程中业已成熟的各种任务,就应占领尽可能多的阵地,发展尽可能大的力量,把历史推进到尽可能前进的程度;而不要落在历史发展的后面,阻碍历史的前进,拖住历史的火车头。但是当着历史发展得很慢的时候,当着运动的退潮与革命的低落之时期,我们就不要犯急性病,就要善于巩固与保存自己的阵地,甚至要善于实行巧妙的退却,采取隐秘的方式,保存与聚集自己的力量,以便懈怠敌人,等待有利的时机,再能有阵地的大踏步前进。这就是说,我们在革命中的行动路线,是走着曲折的路线。"听了这些,你就会多懂得许多带规律性的道理,可以用来自觉地指导自己今后的行动。我看这就叫理论家。

少奇同志不仅在总结上述这样大的、长时期的事情时善于提到理论高度来认识,而且在谈到当前工作中似乎很普通的一件事时,往往也都提到理论高度来思考。大家知道,1964年江苏省委第一书记江渭清同志给少奇同志写了一封信,检讨不应该规定省委学习他自己的一篇讲话。少奇在回信中提到理论高度来谈了这个问题。他说:"我们应当向谁学习，是向党内和党外群众中一切有真理的人学习，不管他们的职位高低，还是向职位高的人学习，不管他们有没有真理？我们的原则，是向一切有真理的人学习，不只是向职位高的人学习。"再举一个例子，1941年在中共中央华中局党校工作的宋亮（即孙冶方）写信给少奇同志，问怎样才能办好党校。少奇同志在回信中首先指出，既不能过分强调理论，忽视实践对理论的基源性，又不能过分强调实践，要注意理论对实践的指导性。说到这里，他觉得还不够，接下来又进一步发挥说，中国共产党并不缺乏革命的热情，也有很强的革命的组织能力，但是党的理论修养是薄弱的。他不仅从理论上、历史上分析了产生这个问题的原因，而且还提出我们所要的理论，不是那种脱离实际的理论，要有一个正确的理论来指导我们的实践。从这里，我们也可以看到他后来在中共七大上提出中国共产党要以毛泽东思想为指针这个思想的若干脉络线索。所以说，少奇同志的思想是很深刻的，他所讲的一个个问题总能让人从中得到超出这个问题的更多的东西。所以少奇同志称得上是一个理论家。

第三，少奇同志有他自己的独到见解，而不是只去依傍书本和上级指示，他能够从实际出发，大胆地提出一些系统而又独到的见解。这方面的例子太多了。比如，新中国成立前夕，毛主席请少奇同志研究一下新中国的经济建设到底该怎么搞，他很快就提出新民主主义经济由五种经济成分构成、新民主主义向社会主义过渡的步骤以及相应的方针政策等一套完整的想法。当新中国经济建设发展到一定阶段的时候，他又提出社会主义经济既要有计划性又要有多样性和灵活性。关于农业的发展道路，他也有一整套设想。针对建国初期工厂管理和工会工作中出现的矛盾，他在1951年首先提出了"人民内部矛盾"这个概念，主张要分清敌对的和非敌对的两类不同性质的矛盾，要用同志的、和解的、团结的办法处理人民内部矛盾问题。1957年，他又提出人民内部矛盾突出地表现为领导者的官僚主义与人民群众正当要求的矛盾，突出地表现在分配问题上。还有，1962年在七千人大会上他大胆地指出，总起来讲，1958年以来全党工作的缺点和成绩的关系不能说是一个指头和九个指头的关系，恐怕是三个指头和七个指头的关系。他还谈到造成困难的原因可能是三分天灾，七分人祸。对前面讲到的这许多见解，人们可以对其中有些看法作这样那样的评论，但有一点是肯定的：少奇同志善于独立思考，能够从实际情况出发，就重大问题提出自己的系统而独到的见解，能够做到这样的人是不多的。

还要说到，少奇同志有着高尚的思想品格，对党对人民无限忠诚，光明磊落，怀着一颗赤子之心，全身心地投入到党和人民的事业之中，身体力行地实践了自己论述的共产党员的修养。

对于少奇同志这样一位为党和民族做出过杰出贡献、留下了丰富精神遗产的党的领导人，今天我们对他的研究和宣传工作做得怎么样呢？确实是很不够的。虽然在十一届五中全会以后，已经把十年"文化大革命"强加给他的最大的冤屈纠正过来了，但是从总体上恢复他应有的历史地位，还他的历史本来面目，尤其是使青年一代全面地了解他，实在还有相当大的距离。

在研究工作中，我们要用更加宽阔的眼光，把少奇同志放在近代中国的历史发展中、放在同时代人的横向比较中去考察，而不是就事论事地去研究、去宣传，要着眼于大的方面的贡献。比如，少奇同志在理论上最突出的贡献是党的建设。他特别强调党的思想建设，而在党的思想建设中特别要求每个党员要有好的党性修养。国外有的学者在论文中提出：这在马克思主义政党史上是个新的贡献，因为马克思时代党的建设任务主要是宣传党的学说，列宁的建党思想更多地是讲党的路线方针和指导思想，而少奇同志对共产党员的修养做出了系统论述，包括修养的必要性、途径、方法等。

少奇同志关于党员修养的学说，最重要的当然来自中国共产党在特殊的历史情况下，在严酷的革命斗争中积累起来的党内生活实践经验，是对这些实践经验所做的理论概括，再加上少奇同志的理论思维的贡献。而它的理论渊源，既有马克思、列宁的建党学说，也有中国传统文化的深刻影响。前几年有人说，少奇同志把马克思主义"儒家化"了。那是不对的。中国的传统文化不能同封建道德划一个等号，也不能跟儒家文化完全等同起来。中国的传统文化首先是中华民族五千年文明的延续。中华民族从她的祖先开始，一代一代地、不中断地在这块土地上生息发展，直到今天成为世界上人口最多的民族，并且表现出巨大的生机和活力，这和其他几个古代文明中心——印度、埃及、巴比伦等都有不同。这样一个民族在文化上自然有自己独到的地方：如特别注意怎样做人，怎样处理人与人之间的关系。我们的祖先在世世代代的社会生活实践中，在这方面逐渐形成许多得到社会公认的思想和行为准则。当然，封建统治阶级总是努力把这些准则纳入他们所需要的轨道中去，用来统治人民，形成一整套完备的封建道德，但不等于这套规则都是封建统治者想出来而从外面灌输给我们这个民族的。我这次经过皖南山区，看到民居中很多对联、格言，有的内容非常好，如："书到用时方恨少，事非经过不知难"等。少奇同志在《论共产党员的修养》中所引的"设身处地"、"将心比心"、"先天下之忧而忧，后天下之乐而乐"等等，也是如此。这说明中国的传统文化有许多来自人民群众中间。对这些遗产，应该采取分析的态度。其中的糟粕，应该排除；其中的精华部分，我们应该理直气壮地继承。这谈不上是儒家化。

研究刘少奇的革命活动，也需要把视野放宽。例如，研究刘少奇在皖东，就需要把这个课题放到中共六届六中全会决定"巩固华北、发展华中"的重大决策这样一个大背景下去研究，放到当时华中问题正成为全党全军工作的重要焦点、能否解决好华中问题是关系全局的重大问题这样一个具体历史情况下去研究。如果只把它看作某一个抗日根据地的开辟来研究，那就是显得狭窄了。所以，我们的研究工作既要细致，又要做到视野广阔。

研究和宣传少奇同志还要和现实相结合。少奇同志的《论共产党员的修养》大家都是知道的。现在有许多人只承认它在历史上有很大作用，但认为现在已经过时了。或者口上没有这样说，实际上是这样想的。那么，这本书对今天的党的建设，对社会主义精神文明建设是不是没有用了？它的意义在哪里？这些问题是值得很好思考的。现在有些人一讲继承，只想到如何继承古代的优秀文化，而忽略了"今天"不仅仅是"前天"的继续，更重要的是"昨天"的直接继续。"今天"毕竟不是从"前天"跳过来的，中间还有一个"昨天"。这个"昨天"就是20世纪以来，特别是中国共产党成立以来所形成的传统。在这个时期内，我们在党的领导下形成了一整套新的理论和作风。这些理论和作风，影响了不止一代的共产党人，在我们这个民族中深深地打上了新的印记，其中就包括《论共产党员的修养》这本书留下的影响。拿我自己来说，就是1947年在大学读书时最初读到这本书的，以后又不知读过多少遍。这本书中的思想影响在我们这代人身上也是根深蒂固的。1949年上海一解放，我又读到《论党员在组织上和纪律上的修养》，从中懂得了许多组织修养方面的新道理。说实在的，要讲继承革命传统就不能离开少奇同志的这些思想贡献。今天，我们要建设社会主义精神文明，而要根本改变社会风气，关键在于党。共产党员是怎么样的，对全国人民以至整个社会的风气都有重大作用。所以，少奇同志的党建著作不仅是党的建设的基本读物，而且也可以说是社会主义精神文明建设的重要教科书。我们要很好地把少奇同志留给我们的许多精神遗产，在新的历史条件下，用到我们今天的生活里面来，这是一个挖掘不尽的宝藏。1998年是少奇诞辰 100 周年，到时候中央一定会举行隆重的纪念活动，这是个研究和宣传少奇同志的很好时机。1998 年离现在还有两年。我们要抓住这个时机，在这两年里有所作为，齐心协力来把宣传和研究少奇同志的工作大大地向前推进一步。

朱德的历史贡献[1]

记者：金冲及同志，您长期从事毛泽东等老一代革命家的思想生平研究，主持编写了多部他们的传记。作为《朱德传》的主编，您认为当前朱德思想生平研究工作中还存在哪些主要问题？

金冲及：大家都知道，朱德是举世闻名的中国工农红军、八路军和中国人民解放军的总司令。但坦率地说，在中国共产党第一代主要领导人中，人们对他的了解和研究至今仍是很不够的。这有两个原因：一是新中国诞生时朱德年事已高，在第一线的工作没有毛泽东、周恩来、刘少奇、陈云、邓小平那样多，人们同他的接触和了解相对说要少一些；二是"文化大革命"中，林彪等人散布了大量歪曲事实的不实之词，甚至污蔑说他只是"凭老资格"，"没

---

[1] 本文发表于《党的文献》2010年第1期。原题为《如何推进朱德的思想生平研究》。

有真正当过一天总司令"。这种说法现在虽然已没有人相信，但社会上不少人仍只是因为他的德高望重和崇高品德而尊敬他，对他在中国人民解放事业中起过的别人难以替代的突出作用和在毛泽东思想形成中的重要贡献却了解不多。显然，这样的认识是远远不够的。

记者：学术界的确存在这样的认识误区，所以朱德研究与第一代其他领导人相比，成果相对比较薄弱。您能否谈一下朱德有哪些主要贡献？

金冲及：首先我想说说朱德的军事贡献。

朱德在参加革命前就是滇军名将，打过同北洋军对峙的正规战，也在滇西剿匪时打过两年的游击战。他后来说过："打大仗我还是在那时学出来的。我这个团长，指挥三四个团，一条战线，还是可以的。"参加革命后，他又在德国和苏联学习过军事。这样的经历，在中国共产党的军事领导人中是少有的。

中国的人民军队是在八一南昌起义中诞生的。这次起义失败了，它的余部（包括原来叶挺独立团的主力）是在朱德率领下，用革命的理想鼓舞部队，经历千难万险，到井冈山同毛泽东率领的秋收起义部队会师。陈毅说过："如果当时没有总司令的领导，这个部队肯定地说，是会垮台的。"那时在井冈山的谭震林说:"朱德、毛泽东井冈山会师,部队大了,我们有力量打下永新。当然,在这之前打了茶陵、遂川,也占领了宁冈县城。那时不敢走远,因为国民党上来两个团我们就打不赢。可是朱毛会师后力量就大了,所以一打永新,二打永新,尤其是七溪岭打了一仗,这样就把江西来的三个师打败了。"从"国民党上来两个团我们就打不赢"到"把江西来的三个师打败了",这中间发生的重大变化是明显的。

在井冈山斗争中,当时在主力团二十八团担任过连长和营长的萧克回忆说:"红四军在井冈山时期主要是朱德指挥战斗","不管遇到什么危险,只要朱德军长在,就感到踏实"。中央苏区几次反"围剿"的胜利,是谁在前线具体指挥战斗的?我曾经问过萧克,那时他担任过红四军第三纵队司令员和独立师师长,他十分肯定地说,就是朱德在具体指挥。

对人民军队战略战术的形成,朱德有着特殊的贡献。他自己回忆道:"记得在莫斯科学习军事时,教官测验我,问我回国后怎样打仗,我回答:战法是'打得赢就打,打不赢就走','必要时拖队伍上山'。当时还受到批评。其实,这就是游击战争的思想。所以,在这一点上,我起了一点带头作用。"带这个头,自然非同小可。他又说过:"我们的用兵主张，可概括为：有什么枪打什么仗，对什么敌人打什么仗，在什么时间地点打什么时间地点的仗。"这就是实事求是的唯物主义的用兵方法——著名的"敌进我退，敌驻我扰，敌疲我打，敌退我追"十六字诀，就是毛泽东、朱德提出来的。20世纪80年代初，我们请教过两位当事人，军事科学院院长宋时轮说是毛泽东提出来的，军事学院院长萧克说是朱德提出来的。曾任朱德政治秘书的陈友群告诉我：他问过朱德，朱德回答，说谁都一样。

朱德具有常人难以企及的崇高革命品质和政治智慧。长征途中，在同张国焘分裂主义的复杂斗争中，毛泽东对他做了十个字的评语："度量大如海，意志坚如钢。"

抗日战争爆发后，朱德率领八路军挺进华北前线，并担任军委前方分会书记，依靠民众，打开了敌后抗战的新局面。这是了不得的。回延安后，他又倡导部队开展大生产运动，具体指导三五九旅到南泥湾开荒生产。毫不夸张地说：没有朱德，就没有现在大家熟悉的南泥湾大生产运动。建国后，他对军队正规化和国防现代化做出的努力，也是大家所熟知的。

记者：朱德除作为中国人民解放军的总司令外，还在其他方面做出了卓越贡献。

金冲及：是的，朱德的贡献不只在军事方面。读他的大量讲话和文章，会有一个强烈的感觉：朱德有着极其丰富的实际经验（包括社会经验）和深厚的马克思主义素养，又一直坚持实事求是的态度，无论对军事工作、经济工作、党的建设，一说总能说到点子上，透过现象抓住问题的本质，并且提出明确的切实可行的解决办法，表现出真知灼见，这也是常人难以做到的。举例说，石家庄是解放战争时期第一个解放的重要城市，当时一系列新的问题提到了中国共产党面前。朱德给中央写报告，不仅谈了军事民主的重要经验，又指出工人对生活待遇的要求过高，以致有些工厂关门，会造成生产降低和经济衰落，是一种"自杀政策"。这个报告得到了中央的极大重视，把它转发各地，要求立即改正这种错误思想和错误政策。

新中国成立后，他又提出许多重要思想和主张，如：对经济管理体制，他给中央写报告说："上边统得太死。""现在中央一切都包了，整个社会不能发展，不能发挥下面的积极性。"他强调农业的基础地位，要求发展农林牧副渔多种经营，特别是指出山区占全国面积的三分之二、人口和耕地的三分之一，有着丰富的自然财富（包括山货、药材、果树等），要做到"靠山吃山"、"靠水吃水"、"人尽其力，地尽其利，物尽其用"。他说海南岛是"宝岛"，要发展热带作物，因为全国只有这一个地方适宜热带作物的成长。他一直十分重视手工业在国民经济中的地位，悉心指导手工业的社会主义改造，并且提出："城市中的独立劳动者（包括大量的小手工业者在内）应该与资产阶级严格区别开，不应把独立劳动者与一般资本家放在一起，统称为工商业者。"他主张积极开展对外贸易，"还要同日本、美国做生意"，"因为现在一切生产都是世界化的。""民族闭关自守、民族孤立发展经济的思想，是违反在资本主义时代已经开始的客观规律的。""当前的问题是，要在很短时间内，把世界上最先进的技术掌握起来。"他指出："银行不但是一个发票子的机关，国家的投资都要成为银行的贷款"，"银行必须起监督作用"。他很早就主张军事工业要和民用工业相结合，说这是"社会主义建设非常重要的一件事"。作为中国共产党第一任中央纪律检查委员会书记，他在这方面的贡献更是大家所熟知的。他的许多主张，在今天读起来，依然会感到他在多少年前就能提出这些远见卓识是多么不容易。

以上说的这些，归结起来，就是前面所说的两句话：一是他在中国人民解放事业中起过别人难以替代的突出作用；二是他对毛泽东思想的形成有着重要贡献。这说明对朱德生平思想的深入研究、并向社会做广泛的宣传介绍，使它不断转化为我们前进的思想财富和精神动力，还有很大的拓展空间。

记者：中国中共文献研究会在相继成立毛泽东、周恩来、刘少奇思想生平研究分会后，现在又成立了朱德思想生平研究分会，您被推举为该会名誉会长。您对今后的朱德研究工作有什么建议？

金冲及：朱德思想生平研究分会的成立，是中共党史学界、军史学界和朱德思想生平研究的一件大事，对推进朱德研究具有重大意义。对朱德思想生平研究分会成立后的工作，我想提三点建议：

第一，借研究会这个平台，最重要的作用是可以把社会上方方面面正从事或有志于研究朱德生平和思想的力量组织起来，加强彼此间的沟通与协作。这种力量本来就存在，既有年长的老朋友，也有中青年朋友，还有许多可能参加这项工作的，人数并不少。但组织起来和分散地各自工作是很不一样的。一加一可以大于二，这么多力量加在一起，肯定要比原来的力量大得多．能够发挥更大的作用。

第二，要加强学术建设，这是学术团体的基石。学术团体不抓学术建设，就会一事无成。分会理事包括方方面面对朱德思想生平素有研究的专家，可以在理事会上交流信息，分析现有研究情况，提出值得进一步研究的课题。

要充分利用分会这个平台，举行多种多样的学术活动和群众喜闻乐见的宣传普及活动，有需要时也可以对某些重要课题组织集体攻关，并提供必要和可能的帮助。

第三，要重视会风建设和制度建设。特别是起步阶段，从一开始就形成一个良好的会风和比较健全的制度十分重要。会风上要讲求实效，分清轻重缓急，办一件事就办好一件事，不做表面文章，也不是为了热闹好看。制度上要立好规矩，照章办事，理事会要按期开会，使这项工作能够持续地进行下去。

老话说，万事开头难。相信在研究分会建立后，朱德思想生平研究工作一定会打开一个新的局面，更持久、更有规划、更深入系统地开展下去，取得更大的成绩。

作为总设计师的邓小平[1]

今年是邓小平同志诞辰110周年。邓小平是20世纪中国的一代伟人,人们把他称为中国社会主义改革开放和现代化建设的总设计师。

什么是总设计师?他对事业的兴衰成败起着怎样的作用?人们为什么把邓小平称为中国社会主义事业发展新时期的总设计师?

记得20世纪50年代初,当新中国大规模经济建设将要开始的时候,报刊上曾展开一场关于设计在基本建设中极端重要性的讨论。《人民日报》在社论中提出施工必先有设计的基本原则,产生了重大影响。事实确实是这样:如果没有总体的成熟的设计,只凭热情和愿望就动工,结果不是做不好,就是做不成,或者中途改变、返工重建,造

---

[1] 本文发表于《人民日报》2014年8月18日第7版。

成巨大损失。这类教训是不少的。

其实，小到某个工程项目，大到关系国家前途命运的大事，都需要有总体性的正确设计，这样才有可能做好。

在中国共产党领导全国人民为社会主义事业奋斗的进程中，20世纪70年代后半期是一个大转折的关键时期。在这个时期，有没有一个总体性的正确设计尤其重要。"文化大革命"结束后，中国向何处去？中国社会主义事业在经历曲折和挫折后如何向前发展？这是摆在党和人民面前头等重要的问题。

那时候，"文化大革命"遗留的问题堆积如山，事情千头万绪，人们的思想相当混乱。不少领导干部还没有从导致"文化大革命"发生的"左"的指导思想中摆脱出来，继续在"左"的思想轨道上徘徊。同时，也有一些人利用中国共产党犯了错误、社会主义建设发生失误之机，提出企图让中国脱离社会主义道路的右的错误主张。在这种情况下，党必须向全国人民指明国家发展的正确方向，既坚决纠正"左"的指导思想，又努力防止发生右的偏向。

从端正思想路线抓起

"文化大革命"后,中国的社会主义事业要闯出一条新路来,谈何容易!事情应该从哪里抓起?邓小平果断地把思想路线的拨乱反正作为突破口。

这就抓住了要害。人的行动总是由思想指导的,有怎样的思想就会有怎样的行动。历史处在重大转折关头,更需要有一个适应客观实际要求的思想大解放。解放思想绝不是随心所欲地胡思乱想,而是要冲破不符合客观实际的旧思想,使主观认识符合客观实际。这就是中国共产党历来提倡的实事求是。解放思想是为了做到实事求是。这个问题解决不好,就谈不上走出一条成功的新路来。

邓小平一重新出来工作,就提出反对"两个凡是",鲜明地支持关于真理标准的大讨论。在1978年12月的中央工作会议上,他作了实际上成为十一届三中全会主题报告、成为改革开放开篇之作的重要讲话,讲话的题目就是《解放思想,实事求是,团结一致向前看》。他说:"一个党,一个国家,一个民族,如果一切从本本出发,思想僵化,迷信盛行,那它就不能前进,它的生机就停止了,就要亡党亡国。""在党内和人民群众中,肯动脑筋、肯想问题的人愈多,对我们的事业就愈有利。干革命、搞建设,都要有一批勇于思考、勇于探索、勇于创新的闯将。"

邓小平的这些话，鼓舞了全党和全国人民的思想大解放。广大干部和群众把注意力放到研究客观实际中出现的新情况新问题、研究如何开创社会主义现代化建设新局面上来。以往在"左"的框框束缚下不敢想的问题敢想了，不敢做的事敢尝试着做了，一切坚持以实践为检验真理的唯一标准。

以改革开放为标志的新时期，就这样以解放思想、端正思想路线为先导和突破口到来了。

高举中国特色社会主义旗帜

要开创党和国家事业发展的新局面，首先必须明确举什么旗、走什么路的问题。用毛泽东同志的话来说："旗子立起了，大家才有所指望，才知所趋赴。"一个国家和民族，前进中极重要的是对未来要有明确的方向感，包括奋斗目标、战略步骤和基本道路，使它成为人们的共识。

以十一届三中全会为起点，经过三年多的探索和深刻思考，邓小平在党的十二大开幕词中以高度概括的语言宣布："把马克思主义的普遍真理同我国的具体实际结合起来，走自己的道路，建设有中国特色的社会主义，这就是我们总结长期历史经验得出的基本结论。"

这就使中国人民明确了在中国建设社会主义的正确方向，从而也就有了衡量一切是非的标准，形成了万众一心的巨大力量。

中国特色社会主义有两层含义：第一，它是社会主义，而不是别的什么主义；实行的是社会主义制度，而不是别的什么社会制度。它同实行资本主义制度或其他制度的国家在社会性质上根本不同。第二，它要有鲜明的中国特色，必须符合中国的实际情况，既不落后于实际，也不超越实际。唯有如此，才能使科学社会主义在经济、政治、文化、社会各个领域的基本原则深深扎根于中国的土地中，从而具有强大生命力并充分发挥优越性。

这就从根本上回答了什么是社会主义、怎样建设社会主义这两大根本问题。

关于什么是社会主义，邓小平明确指出："社会主义的本质，是解放生产力，发展生产力，消灭剥削，消除两极分化，最终达到共同富裕。"他又说："我们革命的目的就是解放生产力，发展生产力。离开了生产力的发展、国家的富强、人民生活的改善，革命就是空的。""社会主义与资本主义不同的特点就是共同富裕，不搞两极分化。""社会主义最大的优越性就是共同富裕，这是体现社会主义本质的一个东西。"如果忘记或离开这些基本原则，那就不是社会主义了。

邓小平所讲的社会主义本质，着重是从经济制度和经济发展来讲的。这是因为经济是基础，经济决定政治，社会主义的本质和特色也首先要在经济制度和经济发展上体现出来。

关于怎样在中国建设社会主义，怎样体现合乎中国实际的"中国特色"，邓小平明确指出：要使中国实现四个现代化，至少有两个重要特点是必须看到的：一个是底子薄。第二条是人口多，耕地少。中国又处在社会主义的初级阶段，就是不发达的阶段。一切都要从这个实际出发，根据这个实际来制订规划。因此，他又说："我的一贯主张是，让一部分人、一部分地区先富起来，大原则是共同富裕。一部分地区发展快一点，带动大部分地区，这是加速发展、达到共同富裕的捷径。"共同富裕不可能一步达到，现阶段的要求是使发展成果更多更公平地惠及全体人民，朝着共同富裕的方向稳步前进。

毫不动摇地以经济建设为中心

社会主义的成功，归根到底要靠不断解放和发展生产力，创造出比资本主义更高的劳动生产率。因此，必须坚持以经济建设为中心来带动和促进社会主义事业的全面发展。对中国这样一个经济原来十分落后的国家来说，更应该清醒地认识这一点。

邓小平说："要坚持社会主义制度，最根本的是要发展社会生产力，这个问题长期以来我们并没有解决好。""多少年来我们吃了一个大亏，社会主义改造基本完成了，还是'以阶级斗争为纲'，忽视发展生产力。'文化大革命'更走到了极端。十一届三中全会以来，全党把工作重点转移到社会主义现代化建设上来，在坚持四项基本原则的基础上，集中力量发展社会生产力。这是最根本的拨乱反正。"

一心一意搞以经济建设为中心的中国现代化建设，其具体目标和步骤是什么？作为总设计师的邓小平一直在反复思考这个问题。无论出国访问还是在国内考察，他总要仔细地询问当地社会生产力水平和发展历程。经过反复斟酌和讨论，邓小平提出了中国社会主义现代化建设"三步走"的战略设计。那就是：第一步，从1981年开始，用10年时间使国民生产总值翻一番，解决人民生活的温饱问题；第二步，再用10年时间再翻一番，反映到人民生活上，叫小康水平，就是虽不富裕，但日子好过；第三步，到下个世纪，再用30到50年时间，接近发达国家的水平（后来又提出达到中等发达国家的水平），基本实现现代化。邓小平讲的这个"三步走"，主要是从经济发展水平和人民生活水平提高上讲的。他说：接近经济发达国家的水平，"不是说制度，是说生产、生活水平"。还说：这是"可以看得见、摸得着的东西"。

提出"三步走"的战略设计，使全党全国人民对今后70年应该怎样一步一步前进、对一个目标实现后接着应该奋斗的目标是什么，有了清晰的方向感和明确的共识，就觉得心里有了底，有了奔头。这是一种无形的凝聚力量。它所规定的前两步目标，都按照最初的设计实现了或提前实现了。今天，我们正在为实现第三步目标而奋斗。

在"三步走"的战略设计中，有一点很重要。在一段时间内，把实现四个现代化规定为20世纪末所要达到的目标，容易导致提出许多过高的指标。邓小平把20世纪末所要达到的目标改变为"小康的状态"。这个新的判断，就为中国现代化建设的发展规定了一个积极而又扎实可靠的基本设想，从指导思想上防止了重犯过去犯过的那种脱离实际而急于求成的错误。还有一点也很重要。最初讲的是实现"四个现代化"即工业、农业、国防、科技现代化，后来改成了社会主义现代化。它使全党全国人民认识到中国的社会主义现代化建设是全面的，是包括经济、政治、文化和社会各项事业的现代化,是既包括物质文明也包括精神文明的现代化,是一个整体的事业。

坚持改革开放

要实现中国的社会主义现代化,必须实行和坚持改革开放。这是中国历史上前所未有的创举,没有现成的经验可以借鉴。提出并解决这个问题,是作为总设计师的邓小平的巨大贡献。

改革开放和发展经济的关系是什么?邓小平明确指出:"改革和开放是手段,目标是分三步走发展我们的经济。"手段是为目的服务的,这一点十分重要。

为什么要进行改革?因为在中国的生产关系、上层建筑中还存在不适应以致阻碍生产力发展的环节与障碍。邓小平说:"我们所有的改革都是为了一个目的,就是扫除发展社会生产力的障碍。""这场革命既要大幅度地改变目前落后的生产力,就必然要多方面地改变生产关系,改变上层建筑,改变工农业企业的管理方式和国家对工农业企业的管理方式,使之适应于现代化大经济的需要。"这就把为什么要改革和改革的对象说清楚了。

在改革中,邓小平特别重视计划和市场的关系,早在改革开放刚刚起步的1979年就提出"社会主义也可以搞市场经济"。这就指明了一条把社会主义与市场经济结合起来的新路，有利于解放和发展生产力。在此基础上，党的十四大确定中国经济体制改革的目标是建立社会主义市场经济体制。

改革和发展始终相伴随。社会主义事业的发展永无止境，改革也永无止境。随着客观形势的发展变化，老问题解决了，又会有新问题出现，甚至有些原来在改革过程中起过积极作用的做法，在新的形势下也可能转化为社会生产力进一步发展的新的阻碍物，需要通过深化改革来排除。历史正是在这种不停顿的矛盾运动中发展的。

邓小平对这种状况有着清醒的认识。他想得很远，早就指出："我们不仅着眼于本世纪，更多的是着眼于下一个世纪。现在面临的问题是，不进则退，退是没有出路的。只有深化改革，而且是综合性的改革，才能够保证本世纪内达到小康水平，而且在下个世纪更好地前进。"他到晚年还叮嘱："十二亿人口怎样实现富裕，富裕起来以后财富怎样分配，这都是大问题。题目已经出来了，解决这个问题比解决发展起来的问题还困难。"这是很有远见的。

开放，同改革不可分割。中国的发展离不开世界，不可能关起国门来进行。

对外开放的实质是什么？就是通过"引进来"和"走出去"，加强同各国各地区的各种合作与经贸、技术、人员往来，吸收和借鉴人类社会包括资本主义制度下创造的一切对我们有用的成果，为建设社会主义现代化中国服务。

世界在变化，我们的思想和行动也要随之而变。对外开放是全方位的，要同世界上所有不同社会制度和不同发展阶段的国家交往，一切有益的经验都要吸取和借鉴。对外开放是必须长期坚持的国策。

在对外开放中，邓小平特别注重"吸收国际先进技术和经营管理经验，吸收他们的资金"。在这种思想指导下，他大胆地、开创性地提出兴办经济特区、扩大对外开放区域等一系列重大政策措施，有力地推动了我国对外开放进程。

学习和借鉴外国经验，当然不是照抄照搬外国的东西。邓小平有一段名言："我们的现代化建设，必须从中国的实际出发。无论是革命还是建设，都要注意学习和借鉴外国经验。但是，照抄照搬别国经验、别国模式，从来不能得到成功。这方面我们有过不少教训。"当年照抄苏联的经验和模式，没能得到成功。如果照搬西方国家的发展经验和模式，同样不可能成功。不从自己的国情和实际出发，盲目地把人家的东西当成教条照搬过来，哪有不失败的道理？

中国实行对外开放，会不会导致走上资本主义道路？邓小平回答："不会。"他在十二大开幕词中响亮地说："中国人民珍惜同其他国家和人民的友谊和合作，更加珍惜自己经过长期奋斗而得来的独立自主权利。任何外国不要指望中国做他们的附庸，不要指望中国会吞下损害我国利益的苦果。我们坚定不移地实行对外开放政策，在平等互利的基础上积极扩大对外交流。"他指出："开放政策是有风险的，会带来一些资本主义的腐朽东西。但是，我们的社会主义政策和国家机器有力量去克服这些东西。所以事情并不可怕。"

坚持四项基本原则

为什么在做出改革开放决策的同时，要提出必须坚持四项基本原则，并且把它们一起作为党的基本路线的两个基本点之一呢？原因在于我国是社会主义性质的国家，要实现的是社会主义现代化。

在实行改革开放的重大历史转折时刻，社会上出现过也一直存在一些思想混乱，有些人甚至公开否定社会主义道路和中国共产党的领导。

面对大是大非的原则问题，邓小平态度从不含糊。他在《坚持四项基本原则》那篇讲演中明确指出:"今天必须反复强调坚持这四项基本原则,因为某些人(哪怕只是极少数人)企图动摇这些基本原则。这是决不许可的。每个共产党员,更不必说每个党的思想理论工作者,决不允许在这个根本立场上有丝毫动摇。如果动摇了这四项基本原则中的任何一项,那就动摇了整个社会主义事业,整个现代化建设事业。"

邓小平一直反对资产阶级自由化,并且认为这是我国思想政治领域的一个长期任务,将贯穿整个社会主义现代化建设过程。他说:"反对资产阶级自由化,我讲得最多,而且我最坚持。为什么?第一,现在在群众中,在年轻人中,有一种思潮,这种思潮就是自由化。第二,还有在那里敲边鼓的,如一些香港的议论,台湾的议论,都是反对我们的四项基本原则,主张我们把资本主义一套制度都拿过来,似乎这样才算真正搞现代化了。这种自由化实际上是一种什么东西?实际上就是要把我们中国现行的政策引导到走资本主义道路。"

1989年那场政治风波发生后,邓小平坦率地指出:"我对外国人讲,十年最大的失误是教育,这里我主要是讲思想政治教育,不单纯是对学校、青年学生,是泛指对人民的教育。对于艰苦创业,对于中国是个什么样的国家,将要变成一个什么样的国家，这种教育都很少，这是我们很大的失误。"记取并防止今后再发生这样的失误，是中国社会主义现代化事业顺利发展的重要政治保障。

邓小平果断地纠正了党在改革开放前长时间内实行的"以阶级斗争为纲"的"左"的错误，但这并不是说阶级斗争在我国社会上完全不存在了。因此，他提醒全党："社会主义社会中的阶级斗争是一个客观存在，不应该缩小，也不应该夸大。"

结语

历史唯物主义从来认为历史的发展有着不以人的主观意志为转移的客观规律，认为历史是人民群众创造的，但又从不忽视个人在历史上的重大作用。

邓小平在半个多世纪的革命、建设、改革中经历过无数严峻考验，经历过千锤百炼，有着高瞻远瞩的战略眼光和广阔的世界视野，对中国的国情和人民的意志与要求有着深刻的了解。他从16岁起，在海外发达国家生活多年，对现代化的大生产和社会生活有过直接了解。他思维敏锐、行动果断，在极端困难复杂的局势面前能够沉着地、大刀阔斧地打开新的局面，在全党和人民群众中享有极高威望。

在党和国家历史大转折的关键时刻有这样一位掌舵者，是值得庆幸的事情。

作为总设计师的邓小平，对中国社会主义改革开放和现代化建设的基本设想，大体上展现在《邓小平文选》中。他谆谆嘱咐："要坚持党的十一届三中全会以来的路线、方针、政策，关键是坚持'一个中心、两个基本点'。不坚持社会主义，不改革开放，不发展经济，不改善人民生活，只能是死路一条。基本路线要管一百年，动摇不得。"这些话，分量够重了，永远发人深省。

当《邓小平文选》第3卷编辑工作完成时，他语重心长地说："实际上，这是个政治交代的东西。""政治交代"四个字，说明它是这位总设计师留给后人的嘱托和期望。他说，这本书有针对性，教育人民，现在正用得着。不管对现在还是对未来，我讲的东西都不是从小角度讲的，而是从大局讲的。"其中讲到的事都是我们一直在做的事，不能动摇。就是要坚持，不能改变这条路线，特别是不能使之不知不觉地动摇，变为事实。"他特别提到"不能使之不知不觉地动摇"，显然是提醒后人要保持警惕，防止这种现象的出现，因为"不知不觉地动摇"有时比明目张胆地发表反对主张更加危险。

邓小平离开我们17年了，但他的话依然时时响起在我们耳畔。17年来，在党中央领导下，中国沿着这位总设计师开辟的中国特色社会主义道路大步迈进，取得举世瞩目的成就，并且积累起许多新的经验和理论成果。这是可以告慰于这位总设计师的。党的十八大后，党中央提出要实现中华民族伟大复兴的中国梦，这正是邓小平一生梦寐以求的目标。为了实现这个目标，党中央继续强调要着力加强顶层设计，而有些事不可能在事先全预见到，在实践中又要"摸着石头过河"，努力在沉着冷静和实事求是的探索中推进事业发展。在这个时候，纪念邓小平同志诞辰110周年，重温这位总设计师的许多重要论述，觉得格外亲切，也更加深切地感到其重大而深远的意义。

邓小平和 20 世纪的中国[1]

邓小平出生在 20 世纪的第四年，去世的时候离进入 21 世纪只有三年多。他的一生几乎和 20 世纪的中国共始终。

邓小平说过："我是中国人民的儿子，我深情地爱着我的祖国和人民。"要了解邓小平，必须了解 20 世纪中国那种特殊的处境，它面对的无数棘手的问题，它经历的种种艰难和欢乐。邓小平一生奋斗的根，始终深深地扎在 20 世纪中国这块土壤中。同样，要了解 20 世纪的中国，要了解中国共产党在 20 世纪的整个奋斗，也必须了解邓小平，了解他走过的路，了解他的思想和贡献。

一、革命

当中国人迎接 20 世纪到来的时候，只有悲愤，没有欢

---

[1] 本文发表于《党的文献》2004 年第 5 期。

乐，仿佛看不到有多少光明的前景。放在人们面前的严酷事实是：西方列强的八国联军正武装占领着中国的首都北京，为时达一年之久，并且扬言要瓜分中国。90年后，邓小平在会见泰国朋友时说道："我是一个中国人，懂得外国侵略中国的历史。当我听到西方七国首脑会议决定要制裁中国，马上就联想到1900年八国联军侵略中国的历史。七国中除加拿大外，其他六国再加上沙俄和奥地利就是当年组织联军的八个国家。要懂得些中国历史，这是中国发展的一个精神动力。"可见这个事件给中国人刺激之深！牢记这些历史，有如邓小平所说，"是中国发展的一个精神动力"。

中国人是热爱和平的，但决不会忍受永远做奴隶的命运。中国的状况必须改变。实现现代化，使中华民族摆脱被奴役、被侮辱的悲惨地位，自立于世界民族之林，是几代中国人梦寐以求的目标。这个目标，如果能够用和平的渐进的手段来达到，当然再好不过。要是这条路还有一点希望能够走得通，怎么会有那么多人不惜抛头颅，洒热血，做出巨大的自我牺牲去投身革命？在这个问题上，中国的先进分子几乎都经历过一番痛苦的选择。20世纪中国另外两位伟大历史人物孙中山、毛泽东最初都曾尝试寻求和平变革的道路，只是当事实证明这条路无法走通时才下决心革命。青年时代的邓小平也是这样。

他在刚满16岁的时候从故乡四川到法国勤工俭学,最初的想法依然是当时流行的"工业救国"。用他自己的话来说:在那时我的幼稚的脑筋中,只是满怀希望地到法国去,一面勤工,一面俭学,学点本事回国,如此而已。

从16岁到22岁,他在欧洲生活了整整六年。其中,五年在法国,一年在苏联。那时,法国已经是一个现代工业社会,邓小平在法国的大钢铁厂里做过工,做过实地观察,了解现代社会的方方面面。有这样的经验和没有这样的经验是大不相同的。这对邓小平一生有着深远的影响。在长期观察中,西方现代工业社会的阴暗面给他心中留下深深的创痛,他不希望中国将来走这样一条路。国内传来的消息,又使他认定,在帝国主义列强控制和北洋军阀统治下,中国的现代化只能是一句空话。只有进行根本的社会改造,才能为中国的现代化扫清障碍,创造必要的前提。于是,原来的"工业救国"幻想变成泡影。这驱使他在1922年夏加入中国共产主义青年团,1924年秋冬转入中国共产党,开始了职业革命家的生涯。他后来对子女说:"在那个时代,加入共产党是多大的事呀!真正叫作把一切交给党了,什么东西都交了!"

从爱国,到革命,到成为共产主义者,这是当时众多中国先进分子走过的道路。

回国后，他担任过中共中央秘书长；领导过广西的百色起义和龙州起义，创立左右江革命根据地；在党内"左"倾错误统治时被批判为江西罗明路线的头子；参加过长征；同刘伯承同志一起先后领导八路军一二九师、晋冀鲁豫军区和中国人民解放军第二野战军，在战略全局的关键位置上立下赫赫战功。在这个经历中，有三件事特别值得一说。

（一）抗日战争时期，华北的敌后抗战在1941年后进入最艰苦的阶段。日本侵略军将重点转到对华北敌后抗日根据地的残酷"扫荡"，加上连年灾荒，抗日根据地面对空前严重的困难。当彭德怀、刘伯承、杨尚昆等回延安参加整风后，邓小平在1943年10月代理中共中央北方局书记，并主持八路军总部的工作。他在异常艰苦的条件下，担负起全面领导华北敌后抗战的重任，粉碎日伪军一次又一次的"扫荡"，领导全区进行建党建军建政活动。这是邓小平第一次独当一面地领导一个大战略区的工作，在极端险恶的环境中，表现出一个战略家统揽全局、果断处理各种复杂问题的能力。

（二）当解放战争进入1947年的转折关头时，他和刘伯承一起，根据中共中央的部署，率领12万大军，以突然行动强渡黄河天险。接着，又出人意料地迅速南进。他们不采取逐城逐地推进的方式，而是下决心不要后方，长驱直入，跨过陇海铁路，穿过宽达三十多里、遍地积水和淤泥的黄泛区，抢渡沙河、汝河和淮河，以二十多天行程，从优势的几十万国民党军队前堵后追中杀开一条血路，千里跃进大别山，并且站稳了脚跟。邓小平后来说："整个解放战争最困难的是挑这个担子，是挑的重担啊。"这是战争史上的奇迹，在短时间内把战线由黄河南北推进到长江北岸，使中原地区由国民党军队进攻解放区的重要后方变成人民解放军夺取全国胜利的前进基地。常人认为做不到的事情，他们成功地做到了。从这里，充分显示出邓小平那种百折不挠的钢铁意志和处变不惊、决不向任何困难低头而能战胜这些困难的政治智慧。

（三）解放战争决战时期，邓小平先后担任淮海战役和渡江战役的总前委书记，统一指挥第二野战军和第三野战军的百万雄师，取得具有决定意义的胜利。毛泽东当时对邓小平说："我把指挥权交给你。""二野三野联合作战，不只是增加一倍两倍的力量，数量变，质量变，这是一个质的变化。"邓小平后来在1988年5月25日对一位捷克斯洛伐克朋友说："我的真正专业是军事，打了22年的仗，组织了不少战斗和战役。"文能治国，武能安邦，这样的人才确实难得。

中国革命的重要特点是以弱胜强，充满着智慧和意志的较量。邓小平是新中国当之无愧的开国元勋。他为新中国的诞生建立了不朽功勋。从这个过程中，可以清楚地看到邓小平所以能成为邓小平的前期轨迹。一个杰出历史人物，通常都要有坚定的信念，要在异常艰难复杂的环境中经受千锤百炼，才能造就出来。不了解这些经历，很难真正了解邓小平。

二、建设

中华人民共和国成立，恰好在20世纪的中国过去一半的时候。如果说20世纪中国的前一半的主题是"革命"，是为建立社会主义制度扫除障碍，创造必要的前提；那么，20世纪中国的后一半的主题便是"建设"，是要在中国这块辽阔而古老的土地上一面摸索，一面开始进行大规模的社会主义建设。这是极其壮丽伟大的事业，也是一次在充满惊涛骇浪而又没有预先设好航标的大洋中进行的艰难航行。

邓小平在一段时间内主持大西南的工作，包括参加领导西藏和平解放，完成中国大陆的统一。1952年，他被调到中央，先后担任政务院副总理、中共中央秘书长、国务院副总理。1956年，在党的八届一中全会上当选政治局常委、中央委员会总书记，成为党的第一代领导集体的重要成员，并且主持中央书记处工作长达十年。他参加党和国家的重要决策，在探索适合中国情况的建设社会主义道路、调整政策纠正失误、提出党在执政条件下加强自身建设的任务等方面，进行了卓有成效的工作。

对新中国这17年工作的评价，邓小平明确地谈了自己的看法："建国头七年的成绩是大家一致公认的。我们的社会主义改造是搞得成功的，很了不起。""'文化大革命'前的十年，应当肯定，总的是好的，基本上是在健康的道路上发展的。这中间有过曲折，犯过错误，但成绩是主要的。那个时候，党和群众心连心，党在群众中的威信比较高，社会风尚好，广大干部精神振作。所以，尽管遇到困难，还是能够比较顺利地渡过。经济上发生过问题，但总的说还是有发展。充分肯定成绩，同时也要讲到反右派斗争、'大跃进'、庐山会议的错误。总的说来，我们还是经验不够，自然也有胜利之后不谨慎。"邓小平以一个政治家那种光明磊落的态度谈道："讲错误，不应该只讲毛泽东同志，中央许多负责同志都有错误。'大跃进'，毛泽东同志头脑发热，我们不发热？""中央犯错误，不是一个人负责，是集体负责。"

对发生错误的原因，邓小平在1985年8月29日会见日本社会党访华团时还有一段概括的分析："总的来说是

'左'。我们都想把事情搞好,想搞快一点,心情太急了。1958年的'大跃进'就是心情过急。心情是好的,愿望是好的,但心一急,出的主意就容易违反客观规律。"

在实践中遭受严重挫折后,邓小平的头脑是比较冷静而注重实际的。1962年,农村中有些地方为了克服困难,实行"包产到户""责任到田"等做法。对这些做法,中央领导层中意见有分歧。邓小平毫不含糊地表明自己的态度,说:"生产关系究竟以什么形式为最好,恐怕要采取这样一种态度,就是哪种形式在哪个地方能够比较容易比较快地恢复和发展农业生产,就应该采取哪种形式;群众愿意采取哪种形式,就应该采取哪种形式,不合法的使它合法起来。"他还借用刘伯承常讲的一句话作为比喻:"黄猫、黑猫,只要捉住老鼠就是好猫。"这个论断符合马克思主义关于生产关系必须适合生产力发展水平的原理,是一种科学的态度,同他以后推行改革开放的指导思想一脉相承。

"文化大革命"是新中国历史上最严重的错误。在"以阶级斗争为纲"的思想指导下,邓小平受到批判和斗争,被剥夺一切职务。但也给了他一次冷静地重新思考新中国前进道路的机会。当他复出并主持党、国家和军队日常工作后,针对"文化大革命"以来造成的严重混乱局面,断然进行大刀阔斧的整顿。这次整顿实质上是后来改革的试验。他斩钉截铁地说:"现在问题相当多,要解决,没有一股劲不行。要敢字当头,横下一条心。"他这种坚强的决心代表了全国人民的利益和愿望,深得人心。全面整顿在短时间内取得显著成效,使人们看到新的希望。虽然邓小平又被指责为搞"右倾翻案风",再次被撤销一切职务,但全国人民正是从这次整顿中进一步认识了邓小平,赞同他的主张,景仰他的品格,强烈地期待他复出。这为以后中国的改革开放能够冲破重重阻力、全面展开并不断取得胜利,奠定了广泛的群众基础。

三、改 革

"四人帮"的粉碎,使中国从危难中得到拯救。但"文化大革命"留下的后果太严重了,整个国家存在的问题堆积如山,人们思想异常混乱。中国该怎么办,发展的出路在哪里,成为广大干部和群众最关切的问题。

要摆脱困境,解决多年积累下来的问题,打开一个新的局面,实在极不容易。当时的中央领导人又提出"两个凡是"的错误方针,给人们解放思想设置下严重障碍。中国依然在徘徊中前进。

新的时期,新的任务,需要有新的领导人物。在全国人民的强烈呼唤中，中共十届三中全会做出决定，恢复邓小平原来担任的中央领导职务。73岁的邓小平在这次会上深情地说："作为一名老的共产党员，还能在不多的余年里为党为人民做一点力所能及的事情，在我个人来说是高兴的。我出来工作，可以有两种态度，一个是做官，一个是做点工作。我想，谁叫你当共产党人呢，既然当了，就不能够做官，不能够有私心杂念，不能够有别的选择。"

邓小平没有辜负全党和全国人民的期望。他一出来工作，立刻表现出作为战略家的远见卓识和驾驭复杂局势的领导能力，有条不紊地从混乱中打开一条新的出路。他面对千头万绪的问题，首先抓住具有决定意义的环节，从思想路线的拨乱反正入手，支持真理标准的大讨论，反对"两个凡是"的错误观点。1978年12月13日，他在中央工作会议的讲话中，旗帜鲜明地提出："解放思想是当前的一个重大政治问题。""不打破思想僵化，不大大解放干部和群众的思想，四个现代化就没有希望。""一个党，一个国家，一个民族，如果一切从本本出发，思想僵化，迷信盛行，那它就不能前进，它的生机就停止了，就要亡党亡国。"这篇划时代的讲话，提出了实行改革开放的新政策，实际上成为十一届三中全会的主题报告。

十一届三中全会，是建国以来中国共产党历史上具有深远意义的大转折。全会果断地停止使用"以阶级斗争为纲"这个不适用于社会主义社会的错误口号,做出把党和国家的工作重点转移到社会主义现代化建设上来的战略决策,确定以经济建设为中心,集中力量发展社会生产力。这是政治路线上最根本的拨乱反正。

针对拨乱反正过程中出现的资产阶级自由化思潮,邓小平重申必须坚持四项基本原则,以保证中国的社会主义现代化建设沿着正确的方向前进。他斩钉截铁地说:"我们要在中国实现四个现代化,必须在思想政治上坚持四项基本原则。这是实现四个现代化的根本前提。""如果动摇了这四项基本原则中的任何一项,那就动摇了整个社会主义事业,整个现代化建设事业。"他敏锐地察觉并坚决反对那股全盘否定毛泽东和毛泽东思想的错误倾向,对中国的前进有着极为深远的意义。

在思想路线、政治路线的问题解决后,紧接着,邓小平又提出解决组织路线的问题,要实现干部队伍的革命化、年轻化、知识化、专业化,从组织上保证社会主义现代化建设的不断胜利发展。

在党的全国代表会议上,邓小平对十一届三中全会以来将近七年的工作扼要地概括道:"我们主要做了两件事,一是拨乱反正,二是全面改革。"思想路线、政治路线、组织路线上一系列雷厉风行的拨乱反正，使中国终于从"文化大革命"造成的极端混乱和困难局面中摆脱出来，走上正常发展的轨道。这是进行社会主义现代化建设、实行全面改革必需的前提。否则，一切都无从谈起。

在全面拨乱反正的同时，作为新时期主要标志的改革开放，在十一届三中全会前后也起步了。

改革一开始，邓小平就反复强调改革是社会主义制度的自我完善，是为了充分发挥社会主义的优越性。他说："我们干的是社会主义事业，最终目的是实现共产主义。这一点，我希望宣传方面任何时候都不要忽略。现在我们搞四个现代化，是搞社会主义的现代化，不是搞别的现代化。"

改革是前无古人的全新事业，没有任何本本可依，也没有现成经验可搬，只能根据中国的实际情况，在实践中一步一步地"摸着石头过河"。改革首先从农村开始，取得成功后又推向城市。邓小平密切注视着实践中出现的新问题。早在1979年11月，他就提出社会主义为什么不可以搞市场经济，这个不能说是资本主义，这是社会主义的市场经济。随着经济体制改革的深入，他又将上层建筑的改革，特别是社会主义民主、法制建设和精神文明建设提上日程，以适应经济体制改革的需要。

要在改革中闯出一条适合中国情况的新路来，绝非轻而易举,而是充满着风险。它的艰难程度并不亚于革命时期。邓小平清醒地意识到这一点。他坦率地说:"我们在确定做这件事的时候,就意识到会有这样的风险。我们的方针是坚定不移的,不会动摇的,一直要干下去,重要的是走一段就要总结经验。因为改革涉及人民的切身利害问题,每一步都会影响成亿的人。"

邓小平带领全党和全国人民走上全面改革的道路是义无反顾的,在前进过程中坚决地排除了一个又一个的干扰和阻力,没有这样的胆略和魄力是什么事情也做不成的;同时,他又极为审慎,把步子走稳,因为正在做的这些事涉及亿万人民的利益和命运。他说:"我们的方针是胆子要大,步子要稳。改革是一件有风险的事,我们要走一步看一步,逐步总结经验,否则人民会遭殃的。"他又说:"每项改革涉及的人和事都很广泛,很深刻触及许多人的利益,会遇到很多的障碍,需要审慎从事。事先从一两件事上着手,不能一下子大干,那就乱了。决策一定要慎重,看到成功的可能性较大以后再下决心。"他一再要求要及时总结经验,做对了的就坚持,做得不足的就补足,做得不对的就改。如果问中国改革的成功有什么秘诀,那么这就是一条重要秘诀。

邓小平有着宽阔的世界眼光。他敏锐地观察到当今全球经济的联系日益密切，观察到世界科学技术正在一日千里地突飞猛进，又总结了中国近代以来的历史经验，勇敢地做出对外开放的重大决策，把它确定为加速社会主义现代化建设的一项基本国策。他说："不要关起门来，我们最大的经验就是不要脱离世界，否则就会信息不灵，睡大觉，而世界技术革命却在蓬勃发展。"

对外开放也是一个逐步推进的过程。先是在个别省如广东实行一些特殊政策，然后设置深圳等四个特区，在取得成功后又做出开放14个沿海港口城市和开发上海浦东新区等重大决策。在吸引外资方面，也是由低到高，由少到多，先搞来料加工，继而搞补偿贸易，再进而搞合资企业，直到允许办外国独资企业，最后形成全方位、多层次的对外开放格局。

1992年年初，已经退出领导岗位的88岁的邓小平到武昌、深圳、珠海、上海等地考察。他对看到的一切十分兴奋，沿途发表谈话。他讲道："要抓住机会，现在就是好机会。我就担心丧失机会。不抓呀，看到的机会就丢掉了，时间一晃就过去了。我国的经济发展，总要力争隔几年上一个台阶。当然，不是鼓励不切实际的高速度，还是要扎扎实实，讲求效益，稳步协调地发展。"他说："改革开放胆子要大一些，敢于试验，不能像小脚女人一样。看准了的，就要大胆地试,大胆地闯。""每年领导层都要总结经验,对的就坚持,不对的赶快改,新问题出来抓紧解决。"这些话产生了巨大的推动力量,使20世纪90年代的中国迈出加速发展的新步伐。他再一次讲道:"计划经济不等于社会主义,资本主义也有计划;市场经济不等于资本主义,社会主义也有市场。计划和市场都是经济手段。社会主义的本质,是解放生产力,发展生产力,消灭剥削,消除两极分化,最终达到共同富裕。"这个讲话,进一步厘清了在计划和市场关系上长期存在的混乱思想。正是在此基础上,以江泽民为核心的党中央在十四大报告中创造性地提出建立社会主义市场经济体制的新目标,使中国的改革开放和现代化建设进入一个新的阶段。

从邓小平在党的十二大提出"建设有中国特色的社会主义"这一主题思想,到十三大前后提出社会主义初级阶段理论,形成"一个中心,两个基本点"的基本路线,以及"三步走"的发展战略;再到十四大根据他的多次谈话确定社会主义市场经济为中国经济体制改革的目标,这样,邓小平建设有中国特色社会主义的理论已经形成。党的十五大把它称为邓小平理论,并和马克思列宁主义、毛泽东思想一起确立为党的指导思想。

邓小平一生中为中国革命和建设事业做出的最大贡献,

就是开辟了中国特色社会主义的道路，创立了邓小平理论，使20世纪的中国又一次发生翻天覆地的变化。邓小平理论是当代中国的马克思主义，是马克思主义在中国发展的新阶段，是他老人家留给我们的珍贵遗产。

四、展望

从邓小平出生的20世纪初，到他去世的20世纪末，中国的变化确实可以用"换了人间"四个字来形容。但这不是终点，只是新的起点。邓小平1992年1月24日在珠海考察时说：中国应该每年有新的东西，每一天都有新的东西，这样才能占领阵地。尽管我岁数大了，但我感到很有希望。这一年进步很快，但今后进步会比这10年更快。

邓小平生活在20世纪的中国，但邓小平理论的指导意义决不局限于20世纪的中国。他总是想得很深很远。《邓小平文选》第3卷编辑工作完成时，他把这本书看作自己的政治交代。他说不管对现在还是对未来，我讲的东西都不是从小的角度讲的，而是从大局讲的。他既有着一位经过千锤百炼的老共产党人毕生积聚起来的高度政治智慧，又始终保持着像年轻人那样的一颗朝气蓬勃、对新鲜事物异常敏感、不断开拓进取的火热的心。他永远面向未来。

他的理论对21世纪的中国仍然有着重大的指导意义。

今天,我们在以胡锦涛同志为总书记的党中央领导下,要在21世纪的最初20年内全面建设小康社会。这个目标,就是根据邓小平关于我国社会主义现代化建设分三步走的总体战略部署提出来的。邓小平这种设计的原因在于:当中国确立社会主义基本制度的时候,仍是一个经济文化比较落后的发展中大国,处于并将长期处于社会主义初级阶段。从这个基本国情出发,必须足够估计到中国实现现代化的长期性和艰巨性。以往中国在社会主义建设过程中所犯错误,一个重要原因是常犯急性病,结果欲速则不达,反而经历不少曲折。邓小平正是总结了过去的经验教训,明确指出:实现社会主义现代化不能急于求成,只能分阶段、有步骤地进行。这是中国进行现代化建设的重要指导思想,值得我们永远牢记。

最近出版的《邓小平年谱(1975—1997)》,第一次公布了邓小平在这个时期除《邓小平文选》以外的许多重要讲话,内容十分丰富,是要更深入地了解邓小平理论不能不读的书。这里只举几个他在南方谈话以后,也是他晚年所做的重要思考作为例子。

1992年7月23日和24日,他在审阅中共十四大报告稿时谈道:"我讲过,农业的改革和发展会有两个飞跃:第一个飞跃是废除人民公社，实行家庭联产承包责任制；第二个飞跃就是发展集体经济。""农村经济最终还是要实现集体化和集约化。有的地区农民已经提出集约化问题了。这个问题这次不提也可以，还是巩固承包制。但是以后总会提出来的。现在土地是公有的。要提高机械化程度，利用科学技术发展成果，一家一户是做不到的，特别是高科技成功应用，有的要超过村的界线，甚至超过区的界线。仅靠双手劳动，仅是一家一户的耕作，不向集体化、集约化经济发展，农业现代化的实现是不可能的。就是过一百年二百年，最终还是要走这条路。我最早提出两个飞跃思想的时候，李先念同志说他都赞成，说这是一个大思想。这个思想一直没有阐发。改革开放中许许多多的东西，都是群众在实践中提出来的。"

同年12月18日，他阅读《参考消息》上的两篇文章时说："中国发展到一定的程度后，一定要考虑分配问题。也就是说，要考虑落后地区和发达地区的差距问题。不同地区总会有一定的差距。这种差距太小不行，太大也不行。如果仅仅是少数人富有，那就会落到资本主义去了。要研究提出分配这个问题和它的意义。到本世纪末就应该考虑这个问题了。"1993年9月16日，他同弟弟邓垦谈话时说："12亿人怎样实现富裕，富裕起来以后财富怎么分配，这都是大问题。题目已经出来了,解决这个问题比解决发展起来的问题还困难。分配问题大得很,我们讲要防止两极分化,实际上两极分化自然出现。要利用各种手段,各种方法、方案解决这些问题。""中国人能干,但是问题越来越多,越来越复杂,随时都会出现新问题。比如刚才讲的分配问题。少数部分人获得那么多财富,大多数人没有,这样发展下去总有一天会出问题。分配不公,会导致两极分化,到一定时候,问题就会出来。这个问题要解决。"

读这些话,真使人感动。这位老人从青年时代起,就确立了社会主义和共产主义的信念,并为之奋斗了一生;到垂暮之年,头脑里想着的依然是祖国的未来,而且还是想得那么深那么远,充分表现出一个智者的深谋远虑。他是从长远的观点来谈的。这些,都是 21 世纪中国需要认真观察和正确处理的问题。

时势造英雄还是英雄造时势,是一个讨论过无数年的问题。看来,哪一个方面都不能说得过于绝对。英雄人物是时代的产物,是历史造成的,这是主要的方面。邓小平 1985 年 10 月 23 日在会见美国高级企业家代表团时说:"永远不要过分突出我个人。我们做的事,无非反映了中国人民和中国共产党的愿望。党的这些政策也是由集体制定的。"这是实话。同时,马克思主义从来不否认个人在历史上的作用。在历史的惊涛骇浪中经过千锤百炼造就的，具有非凡智慧、勇气和意志力的杰出人物，并不那么多。他们在历史的重大关头往往可以起其他人难以替代的作用。江泽民在邓小平追悼会上说："邓小平同志这样说过：如果没有毛泽东同志，我们中国人民至少还要在黑暗中摸索更长的时间。我们今天同样应当说，如果没有邓小平同志，中国人民就不可能有今天的新生活，中国就不可能有今天改革开放的新局面和社会主义现代化的光明前景。"这些也是实话。

　　小平同志离开我们七年多了。今天，在纪念他诞辰100周年的日子里，认真地学习他留给我们的如此丰富的精神遗产，坚定不移地努力实现他的遗愿，把他为之付出毕生心血和精力的祖国，建设成富强民主文明的社会主义现代化国家，应该是纪念他老人家最好的办法。

再谈邓小平和 20 世纪的中国 [1]

时代的接力

三联生活周刊：邓小平的生命几乎贯穿了整个 20 世纪。邓小平处于怎样的历史环境中？他承担了怎样的使命？

金冲及：小平同志是 1904 年出生的，也就是 20 世纪的第四年；1997 年去世的，隔了三年多 20 世纪就结束了。可以说他与 20 世纪相始终，真正要讲邓小平离不开那个时代。

中华民族创造过灿烂的古代文明，在近代却落后了。20 世纪到来的时候，中国已经在半殖民地半封建社会的道路上走过整整 60 年，中华民族处于极度衰败、备受屈辱的境地。长夜漫漫，仿佛看不到头。无数先进知识分子奋起寻求救国救民的道路。人民强烈地期待着祖国的独立富强，振兴中华，共同过上富裕的日子。

---

[1] 本文发表于《三联生活周刊》2013 年第 1 期。

小平同志曾说道:"我是中国人民的儿子,我深情地爱着自己的祖国和人民。"他所开辟的道路和他的奋斗,在相当程度上反映了 20 世纪中华民族的希望和追求。就我而言,算生得晚些,20 世纪里我生活超过了 70 年,有这个切身感觉,自己无非只是 20 世纪中华民族的一分子。

中共十五大报告的第一部分,讲 20 世纪中国的三次历史性巨大变化和三个站在时代潮流前列的伟大人物:孙中山、毛泽东、邓小平。实质上就是反映一代代中国人不停步的追求,这个追求也正是今天我们讲的总任务:实现社会主义现代化和中华民族的伟大复兴。这两个任务本质是一致的,只有实现了社会主义现代化,才有可能对人类做出更多的贡献,才称得上是中华民族的伟大复兴。

当然,中华民族的伟大复兴不是说要回到汉唐盛世,而是要对全人类有所贡献。就如同 1956 年毛泽东在《纪念孙中山先生》里讲的,我们占据全世界人口本来是将近 1/4(现在是 1/5 多一点),虽然现在到了 20 世纪,但我们对人类的贡献太小了。就像毛泽东说的:"这使我们感到惭愧。"

习近平同志最近的几次讲话,包括会见记者、第一次政治局会议以及参观了复兴之路展览后的讲话,我看了以后很有感慨。他也是从这 100 年来中华民族的命运和希望的角度,谈到了使命。实现中华民族的伟大复兴,这是一代又一代中国人最强烈的梦想。

把话题回到邓小平,我感到他身上反映了20世纪整个时代中我们民族的愿望和追求。

三联生活周刊:你提到了20世纪中国的三位伟人,从孙中山、毛泽东再到邓小平,他们在中华民族伟大复兴的总任务中,是如何接力的?

金冲及:20世纪的三个伟大人物,每个人在不同的历史阶段里承担的角色和任务是不同的,但他们的目标是一样的,都是为了实现中华民族的复兴。

但要实现这么个目标谈何容易。孙中山的确很值得佩服,他是第一个谈到振兴中华的。孙中山是香港西医书院的第一届学生,是中国人里第一个拿到西医行医执照的,当时在澳门和广州的报纸上留下他很多事迹。他当时是名医,从个人来说,生活条件也很好,但他走上充满风浪的革命之路,就是有那么一个梦想,希望中国能够实现民族复兴。

当然讲起来,顾炎武等很早就讲天下兴亡匹夫有责,但当初一般中国人还是想着靠皇上。在孙中山的努力下推翻了几千年的君主专制,老百姓感到自己是国家的主人了,这是一个历史巨变。

但是当我们尝试资本主义的现代化时，发现向西方学习那条路不行，所以在民主革命以后要搞社会主义。20世纪中国第二次历史巨变的主要标志，是中华人民共和国的成立和社会主义制度的建立，这是在以毛泽东为核心的中国共产党第一代中央领导集体的领导下完成的。

在社会主义建设中，我们取得了成就，也走过曲折的道路，犯过两次严重错误，一次是发动"大跃进"，另一次是"文化大革命"。

于是，社会主义究竟怎么搞？这个问题又提上了日程。小平同志提出了要改革开放，分三步走，为实现社会主义现代化而奋斗。他充分肯定了过去的成就，也指出曾犯过严重的错误，但他又说过去的错误不是毛泽东一个人的错误，毛泽东当时头脑发热，我们也头脑发热嘛，不能只由哪一个人负责，而应该是我们集体负责。经过了那一段经历，得到这一条结论，小平同志是很不容易的。

这三个人对历史进程的影响不能切开。孙中山领导辛亥革命的时候，毛泽东也积极参加，他在学校里贴出墙报，主张应该搞共和国，支持孙中山做大总统。辛亥革命起来以后，他投身新军，那时候他认为中国的前途最先进的就靠孙中山，但他后来发现这条路走不通。在《论人民民主专政》里毛泽东讲，国家一天一天坏，人民的生活越来越过不下去，于是怀疑产生了，增长了，发展了，这个时候十月革命一声炮响送来了马克思主义。

同样，邓小平一开始也是跟着毛泽东闹革命的。陈云同志讲过，他在延安整风的时候，把毛泽东过去的文件从头到尾看了一遍，看完以后得到一个结论就是实事求是。小平同志也一再讲实事求是，而实事求是是毛泽东思想的精髓，历史是沿着这条路往前走的。

他们三个都是从前一代人那里汲取智慧，以后看到了它的不足，又向前跨出了一大步。就像接力跑那样，这个过程今天还没完，还在继续发展。

三联生活周刊：邓小平所开辟的道路是否还主导着中国的发展？

金冲及：现在历史已经进入21世纪，邓小平所开创的道路是不是业已过时？当然不是。中共十八大报告中说："必须清醒地认识到，我国仍处于并将长期处于社会主义初级阶段的基本国情没有变，人民日益增长的物质文化需要同落后的社会生产之间的矛盾这一社会主要矛盾没有变，我国是世界上最大的发展中国家的国际地位没有变。"

在邓小平举起的中国特色社会主义旗帜下，还有很长的路要走。所以，他所开创的道路今天仍旧影响以至主导着中国，是很自然的事情。美国哈佛大学傅高义教授近著的书名称为《邓小平时代》，也有一定的道理。

邓小平的道路

三联生活周刊：邓小平的早期经历有怎样的特点？他青年时代曾在法国学习和工作，这对他认识世界、形成思想有怎样的影响？对后来的改革开放政策形成是否有启发作用？

金冲及：这是一个很重要而往往被人忽视的问题。邓小平从16到22岁，在欧洲生活了整整六年，其中五年在法国，一年在苏联。那时，法国已是一个现代工业社会。

邓小平先后在哈金森橡胶厂、雷诺汽车厂等做过杂工和钳工，那些都是万人以上的大工厂，他有过很长时间的实地观察，了解现代社会的方方面面。人的认识通常会受以往经验的影响，有过这样的经验和没有这样的经验很不相同。这段经历，一方面使他看到西方资本主义社会的阴暗面，不希望中国将来再走这样一条路，从而确立了他的社会主义和共产主义理想信念，另一方面又使他具有世界眼光，对现代化社会有过亲身的具体了解，这对他日后的认识和思考自然会有影响。与其他许多领导人相比，既有相同处，也存在差异。

三联生活周刊：新中国成立后到"文化大革命"前，邓小平在国家建设上做了哪些工作？

金冲及：新中国成立后，邓小平从45岁起有三年担任中共中央西南局第一书记，带领西南地区7000万人民从事新社会的建设，包括参与领导西藏的和平解放，进一步显示了他总揽全局、果断处理各种复杂问题的能力。

三年后，他调任中央工作。在1956年的中共八届一中全会上当选中共政治局常委和中共中央总书记，成为以毛泽东为核心的第一代中央领导集体的重要成员。书记处的职责是按照政治局和常委会的决定处理中央日常工作，邓小平主持书记处工作长达十年。他后来说："在我的一生中，最忙的就是那个时候。"他又说："'文化大革命'前的十年，应当肯定，总的是好的，基本上是在健康的道路上发展的。这中间有过曲折，犯过错误，但成绩是主要的。"

他认为发生错误的原因，总的说来是经验不够，也有胜利后不谨慎的问题。邓小平以一个政治家的那种光明磊落的态度说："讲错误，不应该只讲毛泽东同志，中央许多负责同志都有错误。""中央犯错误，不是一个人负责，是集体负责。"由于有了这17年成功的经验和挫折的教训，他在以后能正确而慎重地处理中国前进过程中遇到的种种异常复杂的问题。

三联生活周刊："文化大革命"中邓小平下放到江西。这段经历对他有怎样的影响？他是否开始冷静地反思"文化大革命"的问题？

金冲及："文化大革命"中，邓小平作为"第二号走资本主义道路的走资派"而被打倒，受到错误的批判和斗争。他被下放到江西省新建县，在县拖拉机厂从事钳工劳动。在这段时间里，他冷静思考了许多问题，不只是反思"文化大革命"，而且也反思"文化大革命"前17年的经验和教训。对今后中国正确的发展道路，他当然会做出许多思考，但这不可能在处于半隔绝的条件下完成，更重要的是日后在实践中探索。

三联生活周刊：1975年邓小平的整顿工作对于后来的改革开放有怎样的影响？这时他与毛泽东的关系是怎样的？毛泽东为什么还是让他"靠边站"了呢？

金冲及：邓小平自己说过："说到改革，其实在1974到1975年我们已经试验过一段时间。""那时的改革，用的名称是整顿，强调把经济搞上去，首先是恢复生产秩序。凡是这样做的地方都见效。"他对"文化大革命"造成的严重混乱局面开始了大刀阔斧的整顿，斩钉截铁地说："现在问题相当多，要解决，没有一股劲不行。要'敢'字当头，横下一条心。"他这种坚强的决心代表了全国人民的利益和愿望，深得人心。全面整顿在短时间内取得了显著成效，使人们看到了新的希望。全国人民正是从这次整顿中进一步认识了邓小平，普遍赞同他的主张，景仰他的品格，信服他的决断。这为以后中国的改革开放能够冲破重重阻力取得成功，奠定了广泛的群众基础。当邓小平开始主持中央日常工作时，毛泽东对他的整顿工作是支持的，称赞他"人才难得"。但毛泽东有一条不容逾越的底线，他不能容忍邓小平系统地从根本上纠正"文化大革命"的错误。

三联生活周刊：毛泽东去世后，邓小平再度复出工作，你认为，历史怎样选择了他？

金冲及：毛泽东去世后，在中共中央的领导下一举粉碎了"四人帮"，结束了长达十年的"文化大革命"。但当时中国面临的形势仍是严峻的：要从长期以来的"左"的错误中摆脱出来，绝不是轻而易举的事情；整个国家百废待兴，问题堆积如山，在未来的岁月中，中国应该走怎样一条路？这是亿万人民最关心和焦虑的头等大事。

新时期，新任务，需要有新的领导人物。邓小平由于他在长期革命斗争中的历史功勋，由于他对"四人帮"的坚决斗争和在动乱中主持全面整顿取得的显著成效，在党和人民中享有巨大的威望。人们因此普遍殷切期待他出来主持中央的工作。

邓小平没有辜负人民的期望。他一出来工作，立刻表现出作为战略家的远见卓识。他在千头万绪中首先抓住具有决定意义的环节，从思想路线的拨乱反正下手。他明确提出必须完整正确地理解毛泽东思想，强调毛泽东思想的精髓是实事求是，反对"两个凡是"的错误观点。他说："一个党，一个国家，一个民族，如果一切从本本出发，思想僵化，迷信盛行，那它就不能前进，它的生机就停止了，就要亡党亡国。"他主张："拨乱反正，语言要明确，含糊其辞不行，解决不了问题。办事要快，不要拖。"这些振聋发聩的言论，冲破了长期禁锢人们思想的僵化局面，推动出努力研究新情况、解决新问题的生动景象。没有这样一场伟大的思想解放运动，十一届三中全会后改革开放的新局面是不可能出现的。

三联生活周刊：十一届三中全会的胜利召开，中国发生了历史性的转折，邓小平起了怎样的作用？

金冲及：十一届三中全会果断地停止使用"以阶级斗争为纲"这个不适用于社会主义社会发展的口号，邓小平一再强调：一定要一心一意，不受任何干扰、坚定不移地搞社会主义现代化建设。这是政治路线上最根本的拨乱反正，从而开辟了走向改革开放的新时代。

接着，邓小平又提出：思想路线、政治路线的实现要靠组织路线来保证，他特别抓紧由什么人来接班的问题，改变领导职务终身制，并且亲自做了表率。

在社会主义现代化建设和改革开放取得初步进展的基础上，1982年举行的中共十二大上，邓小平总结中国长期的历史经验，得出一个基本结论：把马克思主义的普遍真理同我国的具体实际结合起来，走自己的道路，建设有中国特色的社会主义。这就解决了我们应当举什么旗帜和走什么路的问题。

三联生活周刊：1979年邓小平提出了四项基本原则，当时背景是怎样的？他的主要目的是什么？为什么邓小平对政治稳定和社会稳定有着强烈的坚持？

金冲及：十一届三中全会后，全党和全国人民正在努力把工作重点转移到社会主义现代化建设上来，这是一个新的历史发展阶段的开端。就在这时候，有些地方发生少数人闹事，他们煽动一部分群众冲击党政机关，占领办公室，实行静坐绝食，阻断交通，严重破坏工作秩序、生产秩序和社会秩序。这些，使人重新想起"文化大革命"中的严重混乱现象。

邓小平敏锐地看清问题的实质，在《坚持四项基本原则》的报告中，他说："很明显，这些人就是要千方百计地破坏我们工作重点的转移。我们如果对这些严重现象熟视无睹，那我们的各级党政机关都只有被困扰得无法进行工作，还有什么可能考虑四个现代化？"他还进一步指出："如果动摇了这四项基本原则中的任何一项，那就动摇了整个社会主义事业、整个现代化建设事业。"它和坚持改革开放一起，构成了党在社会主义初级阶段基本路线的两个基本点。

治国之策

三联生活周刊：邓小平对社会主义有了哪些新的认识？事实上，他对国家的治理和发展也是围绕这些新的认识展开的。

金冲及：什么是社会主义，邓小平做了一些新的概括。主要在"南方谈话"里做了解释：社会主义的本质是解放和发展生产力，消灭剥削，消除两极分化，实现共同富裕。这其中我觉得核心的元素是共同富裕；因为他讲什么是社会主义的时候，一般提到过三个元素：公有制为主体，发展生产力，共同富裕。提到这三点的时候，他有各种各样的表述方式，但是不管何种表述，唯一不变的就是讲共同富裕。

怎样建设社会主义，他的论证也很多，中心就是社会主义初级阶段的基本路线，一个中心两个基本点。要是不以经济建设为中心，怎么可能把社会主义建设起来呢？一个中心搞经济建设的时候，就要坚持两个基本点。如果不是走社会主义道路、不是共产党领导不行，不是改革开放也不行。

我认为应该特别强调三步走的战略目标。这是对如何建设社会主义的重要贡献。邓小平通过三步走的战略，为国家的前进带来了鲜明的方向感，为民众提供了清晰的目标，全国上下万众一心地为实现这一目标而共同奋斗。这是一名伟大政治家所具有的重要素质。

小平同志的"三步走"一提出，包括像我们这些人在内，就对未来六七十年怎样发展心里亮堂了，踏实了。十年解决温饱，再用十年进入小康。到了十六大又再补充，对21世纪的前50年划分出前20年该怎么建成小康社会；再花

30 年，基本建成社会主义现代化国家或者中等发达国家；十八大以后把"基本"两个字拿掉了。

有了这些目标，大家都有了奔头。无论改革也好开放也好，采取怎样的措施也好，目的都是怎么能够实现三步走。到 21 世纪中叶我们要实现社会主义现代化，实现中华民族的伟大复兴，在这一点上全国人民是一致的。这些目标规定后，都扎扎实实地实现了。

现在很多国家常常忙于应付眼前的问题，不知道五年、十年之后该怎么样，所以，我认为，三步走战略的贡献，比他在改革开放里提出的某一项具体措施更重要，也就是把全国人民的心能够统一起来，形成强大的凝聚力。

三联生活周刊：发展与稳定，改革开放与四项基本原则，先富与共富，邓小平怎样实现他的平衡？

金冲及：平衡对他来讲不是目的，实现中华民族伟大复兴和社会主义现代化需要平衡，因此要努力实现平衡。

现实是复杂的，通常每一项措施、政策通常都有利有弊。作为政治家，邓小平经常需要在两难里做出决断，在某个阶段他需要侧重一个方面，同时又要限制另一方面可能发生的消极影响。他要在复杂局面中决定大的方向，而没有那种脱离实际的书生之见。

三中全会以后,邓小平强调要加快经济建设,一个原因是有了加快经济建设的可能;此外,他到国外考察了很多国家,强烈感觉到中国的落后。这就要发扬民主。因为要把经济搞上去,不解放思想,使大家的思想活跃起来,打破原来的那些旧的条条框框,是根本搞不成的。但是一段时间内又出现另一方面的问题,出现了"西单民主墙",甚至群体性事件冲击机关,引起社会不稳定的问题。他又想到"文化大革命"中的教训,如果连安定的问题都解决不了,把经济搞上去就会成为空话。所以他说,要坚持四项基本原则,把社会安定、政权稳固的问题提上来。

再到后面的"八九风波",如果那样的事态蔓延发展下去,搞四化建设就谈不上了。而在采取了维护稳定的措施后,邓小平又注意到,不要把改革开放方针忽视了,所以,他在那年的6月9日向军队领导干部讲话,谈到坚持改革开放一点都不能改。再接下来就是"南方谈话"了,继续推动改革开放。

在邓小平所有的努力中,发展是核心目标,其他事情要服从于发展。但他也认识到,不是只讲发展就足够了。我们现在提科学发展观,也就是在发展中看到许多有不科学的地方,所以要有个限定。小平同志曾讲,发展是困难的,发展以后更困难。

在1993年他同弟弟邓垦的谈话中讲到分配问题。"中国人能干，但是问题也会越来越多，越来越复杂，随时都会出现新问题。少部分人获得那么多财富，大多数人没有，这样发展下去总有一天会出问题。分配不公，会导致两极分化，到一定时候问题就会出来。这个问题要解决。过去我们讲先发展起来。现在看，发展起来以后的问题不比不发展时少。"

在一定时期，他就是要一部分人先富起来，带动别人富起来。他大力倡导发展，但他并没有忽视发展之后的分配问题，只是在某个阶段的侧重点和力度不同。

三联生活周刊：你提到邓小平并没有那种书生之见，这是他作为政治家的一种性格特征吗？

金冲及：周总理曾经问过一个邓小平的部下，你跟了小平那么多年印象最深的是什么？他回答说：果断。小平同志果断并不是说武断，他是从实际出发，一切强调实事求是，在一定时期里中央侧重强调某个方面，但是不能忽略另外一面。

有的人优柔寡断，感到两难，就不敢干了。他的果断，就是看准了今天要解决这个主要问题，就要下最大的决心去抓。要是两面完全同等看待，就没有效果了，什么问题都解决不了。同时他在抓一面问题的时候,心里很明白,另外还有一面,到一定时候就要强调一下。

他没有那种书生之见,这源于他丰富的人生经历。他16岁就去了法国,从长征途中走过来,解放战争期间挺进大别山。在挺进大别山的战斗中,他指挥的二野付出了巨大的代价,重武器过黄泛区的时候大多丢掉了,兵力也受到很大影响。但小平同志说,我们只要走到大别山就是胜利,这样就把当时的整个局面扭转过来,把原来敌人的后方变成我们的前进基地。从大局的方面看,就是把我们全部打光也是胜利。他是真正具有全局和战略眼光的。

如何看待损失和牺牲?作为领导人和政治家,难就难在这里。作为政治家把握大局时,邓小平的观察是全面的,他分得清轻重缓急,能做出重大决断。在这里我再引用小平同志的那句话,最能体现他的风格:"说话嘛,就是要明确,不能含含糊糊、吞吞吐吐,否则,解决不了问题,动作要快,不能拖。"

陈云和学哲学[1]

陈云是中国共产党第一代中央领导集体的重要成员，又是第二代中央领导集体的重要成员，从1931年成为临时中央政治局成员、1934年成为中央政治局常委，到1992年从中央顾问委员会主任的岗位上退下来以来，他经历了革命、建设、改革各个历史时期，长期处在党中央的最高决策层中。能够这样说的，大概只有邓小平和他。

陈云的业绩是多方面的，而又有他突出的贡献：第一，他是中国社会主义经济建设的开创者和奠基人之一。新中国成立初期，毛泽东曾经称赞他所主持的平抑物价、统一财经意义"不下于淮海战役"。[2] 接着，他又成功地主持第一个五年计划的制定和执行，为国家的社会主义工业化和经济建设奠定了基础。在三年经济困难时，毛泽东说过"国

---

[1] 本文发表于《人民日报》2015年6月15日第7版。
[2] 中共中央文献研究室编，金冲及主编：《毛泽东传（1949—1976）》（上），北京：中央文献出版社，2003年版，第62—63页。

乱思良将,家贫思贤妻",指的就是他。[1]改革开放期间,陈云又以战略性的远见,经过深思熟虑,抓住要害,做出许多关键性的决策。如在1979年提出:要有两三年的调整时期,才能把各方面的比例调整过来。[2]邓小平对这件事评价很高,并且在几年后说:如果没有这次调整,就没有今天的形势。第二,在党的建设方面,他曾担任七年中央组织部部长、九年中央纪委书记,在党内立下很多重要规矩。实行改革开放后,他最早提出"执政党的党风问题是有关党的生死存亡的问题",主张"必须成千上万地提拔中青年干部"。[3]这些名言,将永远镌刻在中国共产党的史册上。

为什么在同样或相似的环境中,各人的成就和贡献有大有小,甚至有成有败?为什么陈云能够创造出这样多常人难以企及的光辉业绩?十分重要的原因是:他极端重视学哲学,要求人们把学哲学放在生活和工作中异常突出的地位。他的女儿回忆道:"爸爸在江西工厂'蹲点'的时候跟我讲:毛主席之所以能够领导我们把中国革命搞成功,其中一个特别重要的原因,也是毛主席非常高明的地方,

---

[1]参见中共中央文献研究室编,金冲及主编:《毛泽东传(1949—1976)》(下),北京:中央文献出版社,2003年版,第953页。
[2]参见陈云:《陈云文选》第3卷,北京:人民出版社,1995年版,第248页。
[3]同[2],第273、302页。

就是他用哲学思想培养了一代人。""每当他讲到毛主席在延安要他学哲学的时候,我就看到他两眼放光,非常激动。"

为党和人民的事业而学哲学

陈云重视学哲学,从来不是把它当成单纯书斋中那种脱离实际的空谈,而是出于党和人民事业发展的现实需要,力求掌握正确的思想方法,作为引导行动的指针。

他多次强调:要把我们的党和国家领导好,最要紧的,是领导干部的思想方法。学习理论,"首先要学哲学,学习正确观察问题的思想方法。如果对辩证唯物主义一窍不通,就总是要犯错误"。"学习哲学,可以使人开窍。学好哲学,终身受用。"[1] 他认为这不只是个人的问题,说:全国人民把希望寄托于我们身上,我们有这样的责任,不能搞坏,搞坏了不是一个人、几个人的事,而是关系全国人民的得失。[2]

陈云谈学哲学重要性最多的是两个时期:一个是延安时期、特别是延安整风中,另一个是改革开放时期。这都

---

[1] 陈云:《陈云文选》第3卷,北京:人民出版社,1995年版,第46、362页。
[2] 参见陈云:《陈云文选》第1卷,北京:人民出版社,1995年版,第297—298页。

是中国共产党面对重大历史性变化的时刻。为了适应这种变化，并且在变化中跨出重大的新步子，首先需要从端正思想路线入手，使主观认识符合客观实际。处在这种时刻，更需要把学哲学的问题提到异常突出的地位上来。

延安整风的基本问题是整顿三风，其中主要是反对主观主义，也就是从思想路线的高度来总结党以往犯"左"倾错误的根源。陈云几年后在《怎样才能少犯错误》的报告中讲道："我们怎样才能少犯错误，或者不犯大的错误呢？在延安的时候，我曾以为自己过去犯错误是由于经验少。毛主席对我说：你不是经验少，是思想方法不对头。他要我学点哲学。过了一段时间，毛主席还是对我说犯错误是思想方法问题。他以张国焘的经验并不少为例加以说明。第三次毛主席同我谈这个问题，他仍然说犯错误是思想方法问题。后来，我把毛主席从井冈山到延安写的著作都找来看，研究他处理问题的方法。同时再次考虑，错误到底是从哪里来的？我得出一条结论，是由于主观对客观事物认识上有偏差。凡是错误的结果都是由行动的错误造成的，而行动的错误是从认识的错误来的。认识支配行动，行动是认识的结果。"[1] 他以后向邓小平说过这段经历。邓小平

---

[1] 陈云：《陈云文选》第1卷，北京：人民出版社，1995年版，第342页。

十分赞同,说:"延安整风,反对主观主义、宗派主义和党八股,就是从根本上而不是从枝节上解决问题。"[1]

陈云曾在延安担任中央组织部部长,在组织部内组织了一个包括副部长李富春在内的六个人的学习小组,学习哲学。参加这个小组的王鹤寿回忆道:"陈云同志规定的学习办法是,对很厚的一本哲学书,从头至尾一章一章一段一段地读,每个星期必须读到哪一章哪一段。在学习小组讨论会上,每个人都必须如实报告是否精读了规定的章节,谁也不能(包括他自己)借口工作忙没有读完规定的章段,这是学习的纪律。然后开始讨论,各抒己见。"[2]这个学习小组每星期一上午开会,雷打不动,一直坚持下来。小组成员中陈云的工作是最忙的,但从来没有欠读一章一段。以后他多次说:在延安那一段学习,得益很大。他的夫人于若木说:他读起书来,如饥似渴,有时甚至到了拼命的程度。毛泽东也称赞道:"陈云同志有'挤'的经验。他有法子'挤'出时间来看书,来开会。"[3]

改革开放时期,面对新的形势和大量出现的新问题,

---

[1] 邓小平:《邓小平文选》第2卷,北京:人民出版社,1994年版,第382页。

[2] 王鹤寿:《沉痛悼念陈云同志》,《缅怀陈云》编辑组编:《缅怀陈云》,北京:中央文献出版社,2000年版,第46页。

[3] 中共中央文献研究室编,金冲及、陈群主编:《陈云传》(上),北京:中央文献出版社,2005年版,第310页。

更要求主观认识能符合迅速变化着的客观实际,这是很不容易的。他和许多老同志又正要退下来,对缺乏足够经验的年轻的领导干部抱着殷切的期望。于是,陈云便再次着重地强调学哲学的极端重要性。

十一届三中全会后,中共中央着手起草《关于建国以来党的若干历史问题的决议》,以统一全党的思想。陈云向邓小平建议"中央提倡学习,主要是学习马克思主义哲学,重点是学习毛泽东的哲学著作"。两天后,邓小平向《决议》起草组谈了陈云的意见,并且说:"现在我们的干部中很多人不懂哲学,很需要从思想方法、工作方法上提高一步。"[1] 陈云也对起草组负责人说:"在党内,在干部中,在青年中,提倡学哲学,有根本的意义。""只有掌握马克思主义哲学,思想上、工作上才能真正提高。"[2]

1987年,陈云已准备从第一线退下来。这是新老交替的时刻。陈云对新的中央负责人叮嘱什么呢?他说:"过不了多少年,党和国家的全部领导重担都要落在你们一代身上。""要把我们的党和国家领导好,最要紧的,是要使领导干部的思想方法搞对头,这就要学习马克思主义哲

---

[1] 邓小平:《邓小平文选》第2卷,北京:人民出版社,1995年版,第303页。
[2] 陈云:《陈云文选》第3卷,北京:人民出版社,1995年版,第285页。

学。""希望能够组织政治局、书记处、国务院的同志都来学习哲学,并把这个学习看成工作的一部分,也是自己的一项重要责任。"[1]

这是一位年过八旬的卓越的老一辈领导人,总结毕生经验,对后来者的期待和嘱咐。其中,他突出"学习哲学"、"把思想方法搞对头",把它称作"最要紧的",这确实很值得我们深思。

实事求是的楷模

陈云提倡学哲学,最看重的是什么?是实事求是,是要使主观认识符合十分复杂的并且在不断变化着的客观实际。当然,马克思主义哲学是一个严整的理论体系,是科学的世界观和方法论,决不能简单化庸俗化地去对待它,那样不可能真正懂得和运用马克思主义哲学。前面所说陈云学习哲学时付出的那种艰苦努力充分说明了这一点。但必须把最主要的力量用在把握它的精髓上,那就是实事求是,使主观认识符合客观实际。陈云常说的"不唯上、不唯书、只唯实"就是这个意思。

---

[1] 陈云:《陈云文选》第3卷,北京:人民出版社,1995年版,第360、362页。

他回忆道:"在延安的时候,我曾经仔细研究过毛主席起草的文件、电报。当我全部读了毛主席起草的文件、电报之后,感到里面贯穿着一个基本指导思想,就是实事求是。"[1]

实事求是,就得坚持一切从实际出发,"只唯实"。在做决策、采取行动时,必须先进行切实而周密地调查研究,把各方面的事实真正弄清楚,经过分析,找出解决问题的办法,才能做到对症下药。陈云把它看作做好工作的先决条件。他说:"领导机关制定政策,要用百分之九十以上的时间作调查研究工作,最后讨论作决定用不到百分之十的时间就够了。""难者在弄清情况,不在决定政策。"[2]这是他在工作中能取得成功的秘诀所在。

可以看看陈云是怎样工作的。举一个例子,1961年1月,为了进一步克服当时的严重经济困难,毛泽东号召大兴调查研究之风。陈云在这时进行了农村调查和煤炭冶金工业调查。

农村是当时经济困难最严重的地方。中央领导人分别到各地农村进行调查。陈云用五个月时间分两次到十多个省市进行调查,其中最突出的是这年6月到青浦县小蒸公

---

[1]陈云:《陈云文选》第3卷,北京:人民出版社,1995年版,第371页。
[2]同[1],第189、361页。

社进行的一个月调查。他住在农民家，吃在农民家，上午开座谈会，下午到田头、养猪场和农家做实地考察，把群众议论最多的问题归纳为三个：母猪公养还是私养、农作物种植的安排、自留地的处理。那时全国猪肉供应紧张，母猪公养还是私养，实质上是要不要放宽农村政策的问题，也是涉及当地农民切身利益的问题。陈云考察了小蒸的15个养猪场中的10个，又听取农民的看法，仔细比较公养和私养的利弊，总结出公养的苗猪死亡率高的六个原因，确定还是以私养为宜。农作物种植的安排，直接反映出干部主观、蛮干、瞎指挥的问题。增加自留地，有助于减轻农民口粮不足的问题，帮助农民渡过难关。这样的调整，取得了明显的实效。

农村状况刚开始好转，重工业产值又出现令人震惊的大幅度下降，原因却一时还弄不清楚。周恩来提议由陈云从10月中旬到12月中旬先后召开煤炭工业和冶金工业座谈会。前一次会开了21天，后一次会开了24天。参加会议的是有关部门领导人、重要厂矿负责人，还有一些在第一线工作了解实际情况的人。会议的开法，先由各部门和厂矿汇报情况，陈云鼓励他们要讲真话，大胆地说，什么意见都可以发表，然后把大家所谈的归纳成十几个问题，一个一个讨论，分析问题产生的症结所在，研究解决问题的办法。大家畅所欲言，充分谈了自己的看法。陈云不时插话，并且把大家的意见综合起来，指出问题出在忽视综合平衡、指标过高、浪费严重、管理混乱、工人体力下降等方面。周恩来高度赞扬陈云的报告，说："这一下，把原因说清楚了。"

在平时，他经常到商店、菜场等去看看。遇到重要的统计数字，自己打算盘计算。这样来了解市场和经济运行的状况。采取重要措施后，他几乎天天向有关部门了解推行情况和遇到的问题，以检验决定实行的效果，并进行必要的调整。

为什么陈云在领导经济工作中能够取得那么大的成功？为什么其他人视为畏途的许多老大难问题，在他手中常能得到成功的解决？为什么他说的话和做的事总是那样实在并且切中要害？原因就在于他的思想方法和工作方法是正确的，他的决策是根据对实在情况的科学分析做出来的。而那些习惯于拍脑袋决策、拍胸脯保证、最后却拍屁股走人的干部，同他的做法是截然不同的。因此，他语重心长地叮嘱：有的同志"天天忙于决定这个，决定那个，很少调查研究实际情况。这种工作方法必须改变"。[1]

---

[1] 陈云：《陈云文选》第3卷，北京：人民出版社，1995年版，第34页。

交换·比较·反复

从实际出发，说起来容易，做起来并不容易。客观事物是复杂的，常常包含相互矛盾的多个侧面，并且在不断发生变化，不是一眼都能看清楚的。人们对事物的认识，通常需要经过一个在实践中由浅入深、由表及里的过程。决不能把走马看花时获得的一点粗枝大叶的印象甚至一些道听途说的靠不住的话当作客观实际的全体，而且还自以为是，那样没有不跌跤子的。

人们常说陈云处事"稳"和"细"，这确是他的特点。他曾说过："我们犯错误，就是因为不根据客观事实办事。但犯错误的人并不都是没有一点事实根据的，而是把片面当成了全面。"[1]为了减少和避免认识客观事物的片面性，陈云提出了"交换、比较、反复"这种方法。交换，就是互相交换意见。两人各看到一面，都是片面的。如果交换一下意见，就会得到全面的符合实际的了解。比较，是对各种不同意见进行多方面的比较，不仅要看到正面，还要看到反面，不仅要听正面的意见，也要听反面的意见，才能使判断更正确。反复，就是决定问题不要太匆忙，要留

---

[1] 陈云：《陈云文选》第3卷，北京：人民出版社，1995年版，第189页。

一个反复考虑的时间，对关系重大的问题尤其应当这样。他说，"不唯上、不唯书、只唯实"是唯物论，"交换、比较、反复"是辩证法，合起来就是唯物辩证法。[1]

他对重要问题的判断和决策，从不简单地照抄套用那些现成的方案，而是敢于进行创造性的探索。这种探索总是慎而又慎，力求做到最切合实际状况。当他未拿定主意以前，会请别人给他补充情况，或提出各种分析看法，然后他把方方面面的情况综合起来再思索，把思索出来的东西讲给别人听，征求意见，直到修改满意为止。一旦把事情弄清了，看准了，就下最大的决心，顶住各种压力，坚持贯彻到底，做出结果来。

可以看一看新中国成立初期的1953年陈云如何处理令人感到异常棘手的粮食统购统销的问题。那时候，粮食供销在全国范围内出现紧张，城镇和农村缺粮地区的粮食供应得不到保障，不法私商的投机活动又十分猖獗，粮价上涨，全国刮起一股抢购粮食之风，人心开始浮动。负责财政经济工作的陈云说："我现在是挑着一担'炸药'，前面是'黑色炸药'，后面是'黄色炸药'。如果搞不到粮食，整个市场就要波动；如果采取征购的办法，农民又可能反

---

[1] 参见陈云：《陈云文选》第3卷，北京：人民出版社，1995年版，第372页。

对。两个中间要选择一个，都是危险家伙。"[1]怎么办？他广泛听取意见后，考虑了八种处理办法，如只配不征、只征不配、原封不动、统购统销等，慎重地比较每一种办法有什么利，有什么弊，最后得出结论：根据现有情况，处理办法只能是在农村实行征购，在城市实行定量配给，合称为"统购统销"。为了照顾农民的利益，在征购数量和牌价等方面都做了恰当的规定。事实证明，在物资十分缺乏、往往供不应求的情况下，为了保障居民能得到起码的生活必需品，这是当时唯一可行的办法，收到了预期的效果。

正是根据自己一生成功和遭受挫折的切身经验，这位老人在晚年一再叮嘱后人："学马克思主义哲学，是思想上的基本建设。"[2]1989年9月，他又写信给中共中央顾问委员会常委说他最近考虑一个问题，就是应该组织中顾委常委和在京委员学习和研究马克思主义哲学。其目的有二："一是我们这些老同志有丰富经验，但需要进一步提高理论水平；二是带动新干部乃至全党同志都来学习哲学。"[3]可见倡导和鼓励学哲学，这是他始终念念不忘的重要事情。

---

[1] 陈云：《陈云文选》第2卷，北京：人民出版社，1995年版，第208页。
[2] 中共中央文献研究室编，金冲及、陈群主编：《陈云传》（下），北京：中央文献出版社，2005年版，第1789页。
[3] 同[2]，第1810页。

习近平总书记在中共中央政治局第二十次集体学习时强调:"必须不断接受马克思主义哲学智慧的滋养,更加自觉地坚持和运用辩证唯物主义世界观和方法论,增强辩证思维、战略思维能力,努力提高解决我国改革发展基本问题的本领。"[1]这是实现"两个一百年"奋斗目标、实现中华民族伟大复兴的中国梦所必需的,而在陈云诞辰110周年的时刻,也是对这位老人家最好的纪念。

---

[1]《人民日报》2015年1月25日。

征引文献

一 报刊征引文献

1.《人民日报》2015年1月25日

二 图书征引文献

1.《红旗飘飘》编辑部编：《解放战争回忆录》，北京：中国青年出版社，1961年版

2. 榆林地区《毛主席转战陕北》编写组编：《毛主席转战陕北》，西安：陕西人民出版社，1979年版

3. 中共中央党史资料征集委员会主编：《淮海战役》第3册，北京：中共党史资料出版社，1988年版

4. 毛泽东：《毛泽东选集》第1卷，北京：人民出版社，1991年版

5. 毛泽东：《毛泽东选集》第2卷，北京：人民出版社，

1991年版

6. 毛泽东:《毛泽东选集》第4卷,北京:人民出版社,1991年版

7. 毛泽东:《毛泽东文集》第5卷,北京:人民出版社,1996年版

8. 邓小平:《邓小平文选》第2卷,北京:人民出版社,1994年版

9. 陈云:《陈云文选》第1卷,北京:人民出版社,1995年版

10. 陈云:《陈云文选》第2卷,北京:人民出版社,1995年版

11. 陈云:《陈云文选》第3卷,北京:人民出版社,1995年版

12. 中国人民解放军军事学院编:《刘伯承军事文选》,北京:解放军出版社,1992年版

13. 中国人民解放军军事学院编:《陈毅军事文选》,北京:解放军出版社,1996年版

14. 中国人民解放军军事学院编:《李达军事文选》,北京:解放军出版社,1993年版

15. 中国人民解放军军事学院编:《叶剑英军事文选》,北京:解放军出版社,1997年版

16. 邓华、李德生等:《星火燎原》未刊稿第 10 集,北京:解放军出版社,2007 年版

17. 毛泽东:《毛泽东军事文集》第 2 卷,北京:军事科学出版社、中央文献出版社,1993 年版

18. 毛泽东:《毛泽东军事文集》第 5 卷,北京:军事科学出版社、中央文献出版社,1993 年版

19. 粟裕:《粟裕文选》第 2 卷,北京:军事科学出版社,2004 年版

20. 中共中央文献研究室编,金冲及主编:《周恩来传》第 2 册,北京:中央文献出版社,1998 年版

21. 《缅怀陈云》编辑组编:《缅怀陈云》,北京:中央文献出版社,2000 年版

22. 中共中央文献研究室编,金冲及主编:《毛泽东传(1949—1976)》(上),北京:中央文献出版社,2003 年版

23. 中共中央文献研究室编,金冲及主编:《毛泽东传(1949—1976)》(下),北京:中央文献出版社,2003 年版

24. 中共中央文献研究室编,金冲及主编:《毛泽东传(1893—1949)》,北京:中央文献出版社,2004 年版

25. 中共中央文献研究室编,金冲及、陈群主编:《陈云传》(上),北京:中央文献出版社,2005 年版

26. 中共中央文献研究室编,金冲及、陈群主编:《陈云传》(下),北京:中央文献出版社,2005年版

27. [英]李德·哈特,林光余译:《第一次世界大战战史》,上海:上海人民出版社,2010年版